LIBERTAD EN CRISTO

GUÍA DEL PARTICIPANTE

AUTÉNTICO
SEGURO
REAL
DIGNO DE CONFIANZA
INFLUYENTE

LIBRES PARA LIDERAR

IDENTIDAD EFECTIVA — BASES DEL LIDERAZGO

Rod Woods y Steve Goss

Libres Para Liderar – Guía del Participante
© 2021 Freedom in Christ International
4 Beacontree Plaza, RG2 9RT Reading Berks, UK

Originalmente publicado en inglés con el título:
Freed to Lead – Participant´s Guide
Copyright © Rod Woods y Steve Goss 2015

Todos los derechos reservados. Se prohíbe la reproducción de cualquier parte de este libro, el almacenamiento en cualquier sistema, o su transmisión en cualquiera de sus formas, sea electrónica, mecánica, por fotocopia, grabación, u otro medio, sin el permiso previo por escrito de la editorial.

Traductora: Nancy Maldonado
Editores: Robert Reed, Adriel Arreaza
Maquetación: Jemima Taltavull

Textos bíblicos tomados de La Biblia: Nueva Versión Internacional (NVI 2005 castellano peninsular). Usado con el permiso de la Sociedad Bíblica Internacional.

ISBN: 978-1-913082-32-1

Contenido

Por qué participar en *Libres para Liderar*	4
Cómo aprovechar al máximo *Libres para Liderar*	5
1: La aventura del liderazgo	7
Tu peregrinaje de liderazgo	15
2: Auténtico liderazgo cristiano	17
3: Ser y hacer	27
4: Liderar en tu contexto	39
5: Construir sistemas humanos sanos	47
6: Superar la ansiedad personal	57
7: Superar la ansiedad grupal	67
8: Cómo construir y mantener la confianza	79
9: Cómo superar las trampas personales	91
10: Cómo superar las trampas grupales	101
Paso 7 Introducción: Liderazgo transformador	111
Los Pasos hacia la Libertad para Líderes	115

¿Por qué participar en Libres para Liderar?

Un conjunto de líderes cristianos excelentes podría cambiar el mundo para Jesús a medida que ellos extendiesen el reinado de Dios, basado en el amor, a cada área de la sociedad. Nuestro profundo anhelo es que Libres para Liderar te ayude a levantar ese conjunto de líderes cristianos excelentes, entre cuales podrías estar tú. Confiamos en que puedes convertirte en un gran líder. Puede que ya seas un gran líder. Puede que estés comenzando tu peregrinaje de liderazgo. Es posible que aún no estés seguro de que Dios te está llamando al liderazgo. Pero confiamos en que puedes crecer como líder. Puede que no te conozcamos personalmente, pero conocemos al Dios que vive en ti.

Aunque muchos no se consideren «líderes», todos tendrán que liderar en algún momento de su vida. Ya sea en el lugar de trabajo o el hogar, la iglesia o la comunidad, todos tendrán que liderar. A algunos, esta idea les emociona. ¡A otros les aterra! Lo que muchos cristianos no saben es que Dios ya nos ha dado todo lo que necesitamos para convertirnos en los líderes que debemos ser. Libres para Liderar te ayudará a descubrir lo que Dios ya te ha dado como cristiano y cómo aplicarlo en cualquier contexto de liderazgo en el que te encuentras.

Muchos dejan de liderar porque se vuelve difícil y doloroso. No se han preparado para los desafíos del liderazgo. Muchos líderes —líderes excelentes— creen que son un fracaso cuando en realidad están impactando positivamente la vida de las personas a su alrededor. Hemos desarrollado Libres para Liderar para ayudarte a comprender los desafíos del liderazgo y luego superarlos.

Si ya eres un líder, entonces sabrás que todo líder quiere ser excelente. Pero a la verdad puedes leer muchos libros de «cómo liderar» y no llegar a ser un líder eficaz. La gente no sigue a líderes que simplemente usan las técnicas correctas. Tienden a seguir a líderes que son auténticos y sin pretensiones. Libres para Liderar te ayudará a descubrir cómo liderar desde la persona que Dios diseñó que fueras.

Los líderes cristianos tienen una gran ventaja sobre los demás porque se han convertido en una nueva criatura en Cristo. Como cristianos, no sólo recibimos una nueva identidad en Cristo, también recibimos importancia, seguridad, y aceptación de nuestro Padre Celestial. Puede que, como cristiano, ya sepas estas cosas. Este curso te ayudará a profundizar en las verdades de esta nueva identidad para que puedas aprender a liderar como la nueva persona en Cristo que eres. Llamamos a este enfoque «el liderazgo basado en la identidad». El liderazgo basado en la identidad implica liderar como la persona que Dios te ha creado en lugar de liderar en base al modelo de otra persona o el libro de otra persona. El liderazgo basado en la identidad nos libera de la impulsividad y del agotamiento. Nos permite sobrevivir a ataques personales y usar el conflicto para algo positivo. También nos permite superar otras barreras para liderazgo. En resumen, Libres para Liderar te ayudará a entender quién eres en Cristo para que puedas convertirte en el líder que Dios diseñó.

Cómo aprovechar al máximo Libres para Liderar

Tomar parte en todos los componentes de Libres para Liderar mejorará tu experiencia de aprendizaje y permitirá que recibas el máximo beneficio.

- Esfuérzate por asistir a cada sesión. Asegúrate de ponerte al día si pierdes una sesión (los puedes ver en www.libertadencristo.org/libres-para-liderar).

- Cada sesión contiene un estudio bíblico (en la sección «Palabra» de tus notas). Si no lo haces en la sesión grupal, toma el tiempo para hacerlo cada semana por tu cuenta o con un amigo, idealmente antes la sesión correspondiente.

- Participa plenamente en todas las discusiones. Atrévete a ser abierto y vulnerable con los demás en el curso. Gran parte de tu aprendizaje vendrá de tus compañeros del curso a medida que juntos digieren el contenido del curso.

- Registra toda creencia errónea que descubras, en las páginas 162. Te enseñaremos cómo renovar tu mente (Romanos 12: 2) para tratar con ellas.

- Procura activamente aplicar lo que aprendes de cada sesión. Te animamos a encontrar una o dos cosas que puedas aplicar de manera práctica durante la semana. Pero ten cuidado de intentar hacer demasiado de un solo golpe.

- Asegúrate de aprovechar la oportunidad de hacer *Los Pasos hacia la Libertad para Líderes*, un proceso tranquilo y respetuoso que te ayudará a tratar con Dios cuestiones de liderazgo. Lo encuentras en la página 115 y está diseñado para hacerlos después de haber completado las diez sesiones del curso. Otra manera de hacer los Pasos es con otro líder. Otra opción es pasar un día con tus compañeros del curso.

- Lee el libro Libres para Liderar de Rod Woods. Contiene mucho más detalle de lo que podríamos proporcionar en el curso. También cubre muchos más temas no incluidos en el curso (solo disponible en inglés).

- Para ver los videos de enseñanza on-line inscríbete en nuestras página web www.libertadencristo.org/libres-para-liderar

SESIÓN 1:
La aventura del liderazgo

BIENVENIDA

- ¿Cuál es el mayor desafío personal que has enfrentado?
- ¿Cuál fue el resultado?

ADORACIÓN

Lee el Salmo 37 en voz alta en tu grupo, sin comentarios.
Toma un tiempo en silencio para reflexionar sobre el contenido del Salmo.

PALABRA

Leer

- Lee 2 Timoteo 1: 1-14
- Lee el pasaje nuevamente y haz una lista de las cinco palabras más importantes del pasaje. ¿Por qué crees que son importantes?

Entender

- ¿Quién escribió este pasaje?
- ¿Para quién se escribió este pasaje?
- ¿Por qué se escribió este pasaje / carta?

Discernir

- ¿Cuál crees que es el don que Dios ha dado a Timoteo? (versículo 6)
- ¿Qué crees que significa «avivar» este don de Dios?
- ¿Qué no nos ha dado Dios? ¿Qué nos ha dado Dios? ¿Por qué nos lo ha dado Dios? (versículos 7–8)

Aplicar

- Como líder, ¿cuál es el don de Dios que hay en ti?
- ¿Qué crees que podrías hacer para «avivar la llama» de este regalo de Dios?
- ¿Por qué crees que Pablo enfatizó que Dios no nos ha dado un espíritu de cobardía?
- ¿Cómo describirías «el espíritu de cobardía»? ¿Cómo se manifiesta en el liderazgo?

- ¿Cómo es que el poder, el amor y el dominio propio contrarrestan la cobardía?
- ¿Por qué el poder, el amor y el dominio propio son importantes para los líderes?
- A la luz de este pasaje, ¿qué puedes esperar como líder, ya sea positiva o negativamente?

Comprometerse

- En tu liderazgo, ¿cuándo has experimentado «el espíritu de cobardía»? ¿Porqué? ¿Qué hiciste cuando te enfrentaste a la cobardía?
- A la luz de este pasaje, ¿qué puedes hacer como líder cuando te enfrentas a la cobardía?

MIRA EL VÍDEO

El propósito de *Libres para Liderar*

Capacitar a los cristianos para que lideren con confianza desde una visión del liderazgo cristiano basada en la identidad en Cristo.

> **Pausa para la Reflexión**
>
> A lo largo de este curso, te daremos varias oportunidades para compartir tus opiniones e ideas sobre el liderazgo. Cuando usamos la palabra «liderazgo», todos asumimos que sabemos de lo que estamos hablando.
>
> Entonces, pensemos en las siguientes preguntas:
>
> ¿Qué es el «liderazgo»?
>
> ¿Cómo se identifica a un buen líder?
>
> ¿Cuál de estas dos preguntas fue más difícil? ¿Por qué?

La Biblia y el liderazgo

La Biblia es nuestro fundamento para entender el liderazgo.

En *Libres para Liderar* **no** rebajaremos a Jesús o a la Biblia a

- un conjunto de principios
- una moral privada
- una cobertura superficial de estilos de liderazgo mundanos.

El liderazgo cristiano es el liderazgo que el mundo necesita hoy — no solo la Iglesia.

El liderazgo es difícil

Por eso te recomiendo que avives la llama del don de Dios que recibiste cuando te impuse las manos. Pues Dios no nos ha dado un espíritu de cobardía (que viene de la ansiedad) sino de poder, de amor y de dominio propio. (2 Timoteo 1: 6–7, nuestra propia traducción)

¿Por qué es tan difícil liderar - especialmente para los cristianos?

Los líderes se sienten fracasados

Ninguna aventura es fácil: las aventuras ponen a prueba nuestra resistencia y valentía

Las luchas en el liderazgo no indican que has hecho algo mal

Ten en cuenta que en los últimos días vendrán tiempos difíciles.
2 Timoteo 3: 1

Por qué es difícil el liderazgo

La gente está **abrumada por**
- el cambio
- los desafíos
- las opciones

Las personas están **sobrecargadas**
- Sobrecarga de información
- Sobrecarga de opciones

La gente está **desenfocada**
- Sin una cosmovisión coherente
- Sin un conjunto firme de valores
- Sin un enfoque

Las personas son **indisciplinadas**
- Anarquía
- Moralidad cambiante

La gente está **ansiosa**
- Una sociedad fracturada
- Inestabilidad
- Desesperanza, esperan tener más pérdidas

Los líderes se sienten **desempoderados** y **con baja moral.**

El dilema del liderazgo

> En cada sesión examinaremos un «Dilema del Liderazgo».
> Un dilema es un desafío sin una solución directa.

Nuestra sociedad necesita un liderazgo real y efectivo. Tal liderazgo es la única forma en que podemos resolver los grandes problemas de nuestro tiempo, ya sea que sean personales, sociales, económicos o globales. Sin embargo, las mismas personas que necesitan un liderazgo auténtico son quienes, consciente o inconscientemente, debilitan, atacan, sabotean y destruyen el liderazgo.

Pausa para la Reflexión

Toma un tiempo para revisar tu propia perspectiva sobre los tiempos en los que vivimos como líderes. Discute las siguientes preguntas:

¿Estás de acuerdo en que es difícil ser un líder hoy? ¿Por qué o por qué no?

¿Has experimentado resistencia a tu liderazgo? Qué efecto ha tenido en ti?

Como líder, ¿generalmente te sientes animado o desanimado? ¿Por qué?

El mensaje de libertad en Cristo

Conoce la **verdad** de quién eres en Cristo:

Santo

Importante

Aceptado

Seguro

Sé consciente de la realidad del mundo espiritual y resuelve los problemas espirituales con la **verdad**.

Sé transformado mediante la renovación de tu mente con la **verdad**.

Como cristianos, tenemos una gran ventaja en el liderazgo. Jesucristo, mejor líder que jamás haya vivido, vive en nosotros por el poder del Espíritu Santo. Jesús ha destruido el poder del pecado, de la muerte y del infierno mediante la cruz y la resurrección.

PONLO EN PRÁCTICA

¿Qué acciones tomarás esta semana para aplicar lo que has aprendido?

Ora por aquellos que están desanimados como líderes.

Que unos por otros oren por los desafíos en el liderazgo.

Tu peregrinaje de liderazgo

A lo largo de *Libres para Liderar*, se te anima a plasmar tus experiencias de liderazgo en un cronograma. El propósito es ayudarte a reflexionar sobre tus experiencias de liderazgo, tanto positivas como negativas, para que puedas aplicar los conceptos presentados en el curso a tu contexto de liderazgo. Puedes completar tu cronograma en la página siguiente. Si necesitas más espacio, simplemente cópialo en una hoja de papel aparte. En este momento, apunta tus primeras experiencias de liderazgo: en la escuela, en iglesia, en el deporte, en la vida familiar.

Ahora avanza a tu primer puesto de liderazgo «profesional» u «oficial»: primer trabajo, puesto en la iglesia, liderando un club o equipo. ¿Qué líderes te infuyeron —a quiénes imitabas— en tu desarrollo como líder? Regresarás para completar el cronograma en futuras sesiones de *Libres para Liderar*.

Primeras experiencias de liderazgo.	Líderes influyentes
Primera posición «oficial» de liderazgo	Éxitos memorables
Posiciones posteriores de liderazgo	Tiempos de conflicto o decepción.
Puesto actual de liderazgo	Esperanzas y sueños para este puesto.
¿A quién lideras?	Señales de la salud de tu sistema.
¿Qué haces?	Períodos de ansiedad personal
¿Quién eres como líder?	Períodos de ansiedad sistémica
	Peligros potenciales
¿Posible posición futura?	Metas para transformar tu liderazgo

SESIÓN 2:
Auténtico liderazgo cristiano

BIENVENIDA

- ¿Quién consideras que sea el mejor líder de todos los tiempos?
- ¿Por qué?

ADORACIÓN

Lee el Salmo 37: 1–4.
Expresa tu confianza en el Señor. Alaba a Dios por su bondad.

PALABRA

Leer
Lee Lucas 22: 24–27, Juan 20: 19–23, Lucas 12: 42–48, Juan 10: 10–15, Gálatas 4: 1–7.

Entender
Crea un título de una o dos palabras para cada pasaje. Escríbelo debajo de la cita en el cuadro que sigue.

Discernir
Compara en cada pasaje: ¿qué dice el pasaje sobre Jesús? ¿Qué dice el pasaje sobre los discípulos/nosotros?

	¿Qué dice sobre **Jesús**?	¿Qué dice de **nosotros**?
Lucas 22: 24–27		
Juan 20: 19–23		
Lucas 12: 42–48		
Juan 10: 10-15		
Gálatas 4: 1–7		

Aplicar

- ¿Qué tienen en común los cinco pasajes?
- Según estos pasajes, ¿en qué nos parecemos a Jesús? ¿En qué somos diferentes?

Comprometerse

- ¿Qué metáfora describe mejor tu estilo actual de liderazgo?
- ¿Qué metáfora revela una debilidad o fallo en tu liderazgo?

A la luz de estos pasajes, escribe una lista de declaraciones sobre quién eres gracias a quién es Jesús, por ejemplo, «Porque Jesús estuvo con nosotros como quien sirve, yo soy como el que menos, como quien sirve ».

MIRA EL VÍDEO

Todos podemos llegar a ser un auténtico líder centrado en Cristo. En esta sesión examinaremos la naturaleza del auténtico liderazgo cristiano y lo que lo diferencia de otras formas de liderazgo.

> **Pausa para la Reflexión**
>
> Comenzamos planteándonos una pregunta clave sobre el liderazgo.
>
> «Los líderes nacen, no se hacen». ¿Qué opinas sobre esta afirmación? ¿Qué dice la Biblia al respecto?
>
> Nuestra respuesta a esta afirmación revelará mucho sobre nuestra visión del liderazgo en general y del liderazgo cristiano en particular.

La naturaleza del auténtico liderazgo cristiano

Siervo: Tuvieron además un altercado sobre cuál de ellos sería el más importante. Jesús les dijo:

—Los reyes de las naciones oprimen a sus súbditos, y los que ejercen autoridad sobre ellos se llaman a sí mismos benefactores. No sea así entre vosotros. Al contrario, el mayor debe comportarse como el menor, y el que manda como el que sirve. Porque, ¿quién es más importante, el que está a la mesa o el que sirve? ¿No lo es el que está sentado a la mesa? Sin embargo, yo estoy entre vosotros como uno que sirve.

Lucas 22: 24–27

Enviado uno: —¡La paz sea con vosotros! —repitió Jesús—. Como el Padre me envió a mí, así yo os envío a vosotros.

Juan 20:21

Mayordomo: Respondió el Señor:

—¿Dónde se halla un mayordomo fiel y prudente a quien su señor deja encargado de los siervos para repartirles la comida a su debido tiempo?

Lucas 12:42

Pastor: El asalariado no es el pastor, y a él no le pertenecen las ovejas. Cuando ve que el lobo se acerca, abandona las ovejas y huye; entonces el lobo ataca al rebaño y lo dispersa.

Juan 10:12

Hijo: Así que ya no eres esclavo, sino hijo; y, como eres hijo, Dios te ha hecho también heredero.

Gálatas 4: 7

Los auténticos líderes cristianos:

• Son seguidores
«Venid, seguidme —les dijo Jesús—, y os haré pescadores de hombres». Mateo 4:19

• Creen que la Biblia es la Palabra de Dios y viven de acuerdo a ello.

• Tienen una relación genuina con Dios.

• Están arraigados en la verdad de quiénes son en Cristo.

• Caminan el Espíritu de Dios y creciendo en el fruto del Espíritu

• Se está pareciendo cada vez más a Jesús en su carácter.

> El liderazgo cristiano es una cuestión de discipulado. Si no estamos siguiendo bien a Jesús, no guiaremos bien a otros.

El liderazgo cristiano es:

un proceso relacional interactivo

de ejercer influencia sobre personas y sistemas humanos

hacia resultados favorables

a través de
    tu identidad,
    tu carácter y
    tu llamado en Cristo

mediante
    tus fortalezas
    y dones espirituales dados por Dios

así como
    tus talentos,
    habilidades y conocimientos.

Análisis de la definición

Proceso: es continuo, nunca acaba completamente

Relacional: centrado en las personas, no enfocado en tareas

Interactivo: el líder cambia, no sólo cambian los demás

Ejercer influencia sobre personas y sistemas humanos: afecta a individuos, a grupos y a organizaciones.

Resultados — el «fruto»
- económico
- social
- ambiental
- personal
- espiritual

Identidad: quién eres en Cristo

> La gente seguirá quién eres y cómo eres por encima de seguir lo que haces o dices.

Fortalezas y dones espirituales: Dios te ha llamado y te ha dado dones espirituales que no se parecen a los de otra persona.

¿Los líderes nacen o se hacen? La respuesta es sí, ¡nacen y se hacen!

Talentos, habilidades, conocimiento: el liderazgo no es solamente **quién eres** sino también **lo que haces**.

La excelencia en el liderazgo exige centrarte en tus fortalezas y delegar en tus áreas de «debilidad».

Definición del liderazgo cristiano

> El liderazgo cristiano es el proceso relacional interactivo de ejercer influencia sobre personas y sistemas humanos hacia resultados favorables a través de tu identidad, tu carácter y tu llamado en Cristo, mediante tus fortalezas y dones espirituales dados por Dios, así como tus talentos, habilidades y conocimientos.

> **Pausa para la Reflexión**
>
> Resulta que estamos llamados a liderar, ¡seamos o no líderes «naturales»! Discute las siguientes preguntas:
>
> ¿Esta sesión ha desafiado o cambiado tu percepción del liderazgo? ¿De qué manera?
>
> ¿Cuál ha sido el concepto más importante para ti en esta sesión? ¿Por qué?
>
> ¿Cómo difiere el liderazgo «cristiano» de lo que el mundo considera liderazgo?

El dilema del liderazgo

Solemos pensar que convertirse en un mejor líder tiene que ver con mejorar nuestro estilo de liderazgo o intentar parecernos a quienes consideramos líderes «naturales». Pero no es eso lo que nos convierte en líderes excelentes.

El auténtico liderazgo cristiano puede transformar la sociedad. Es el tipo de liderazgo que toda organización en todo lugar necesita.

Nuestra visión es ver auténticos líderes cristianos no sólo en los hogares e iglesias, sino en todo lugar; es ver que los cristianos llegan a ser líderes tan excelentes que todo el mundo los busca.

PONLO EN PRÁCTICA

¿Cuál fue el resultado de tu(s) acción(es) de la sesión previa?

¿Cómo aplicarás esta semana lo que has aprendido?

Que unos por otros oren: queremos convertirnos en los líderes que Dios busca.

Reflexiona sobre tus propias experiencias de liderazgo utilizando el cronograma de la página 16:

- ¿Qué experiencias memorables y éxitos recuerdas de tu liderazgo pasado?

- ¿Qué conflictos y/o decepciones surgieron de estas experiencias de liderazgo pasadas?

Te animaremos a hacer *los Pasos hacia la Libertad para Líderes* al final de este curso. Pero si algo en esta sesión te ha provocado examinar tu identidad como líder más de cerca, quizá quieres echar un vistazo a los pasos 1 y 2 ahora (páginas 119-127).

Cómo conectar con el material de discipulado de Libertad en Cristo

No tienes que haber pasado por el curso básico de Libertad en Cristo para hacer *Libres para Liderar* pero es útil. Aquí hay algunas formas en que puedes familiarizarte con él:

Victoria sobre la oscuridad y el *Rompiendo las cadenas* fueron escritos por Neil Anderson, el fundador de Libertad en Cristo y contienen el mensaje central.

El Curso Libertad en Cristo por Neil Anderson y Steve Goss han sido utilizados por unas 500.000 personas alrededor del mundo.

El Curso de la Gracia de Steve Goss, Rich Miller y Jude Graham contienen el núcleo mensaje de libertad en Cristo con un énfasis en comprender la gracia de Dios en nuestros corazones no sólo nuestras cabezas.

Los Pasos hacia la libertad en Cristo por Neil Anderson es el componente ministerial de nuestro enseñanza central Una forma amable y gentil de llegar deshacerse de la «basura» del pasado, ha sido utilizado por millones en todo el mundo.

Obtén más información en www.libertadencristo.org

SESIÓN 3:

Ser y hacer

BIENVENIDA

• Si pudieses tener un «cambio de imagen» en la vida, ¿qué cambiarías?

ADORACIÓN

Lee el Salmo 37: 5-8.
Espera en silencio ante el Señor por varios minutos.
Expresa gratitud a Dios porque actuará a tu favor y hará que tu justicia y tu causa brillen.

PALABRA

Leer

Lee Gálatas 5: 13-26, Lucas 6: 43-45.

Entender

• ¿Quién escribió el pasaje de Gálatas? ¿A quién fue escrito?
• ¿Por qué se escribió este pasaje/carta?
• ¿Quién habla en el pasaje de Lucas?

Discernir

• ¿Qué es lo opuesto a «el Espíritu»?

Apunta el fruto del espíritu y la obra de su opuesto y compáralos en la tabla a continuación.

El Espíritu	La _____

• Según Gálatas 5, ¿cuál es tu llamado?

Aplicar

Compara y contrasta el tema del pasaje de Lucas con el pasaje de Gálatas:

- ¿En qué difieren los temas de los pasajes? En qué se asemejan?
- ¿Por qué las «obras de la carne» son como «devorarse» unos a otros?
- ¿Cómo puedes «vivir por el Espíritu»? ¿Por qué es importante «vivir por el Espíritu?»
- ¿De dónde viene el buen «fruto»? ¿Cómo se cultiva buen «fruto»?

Comprometerse

- ¿Crees que los líderes son más o menos propensos de ceder ante la carne?
- ¿Cuándo te has rendido a las obras de la carne? ¿Qué te impide caminar en el Espíritu? Pídele perdón a Dios y comprométete a un hábito de caminar en el Espíritu.
- ¿Cuáles son los tesoros de tu corazón? ¿De qué manera han producido buen fruto en tu liderazgo?

MIRA EL VÍDEO

Estamos predispuestos a «hacer» y naturalmente asumimos que nuestro comportamiento es el problema principal. Sin embargo, el problema principal tanto en el discipulado como en el liderazgo no es el hacer: es el ser.

Pausa para la Reflexión

Solemos aprender mucho de otros líderes, especialmente de aquellos a quienes nosotros hemos seguido. Pueden dejar una huella importante en nuestra vida.

¿Cuál ha sido tu mejor experiencia con un líder?

¿Por qué fue tan buena?

El liderazgo de los fariseos: un enfoque en «hacer»

«¿No os dais cuenta de que todo lo que entra en la boca va al estómago y después se echa en la letrina? Pero lo que sale de la boca viene del corazón y contamina a la persona. Porque del corazón salen los malos pensamientos, los homicidios, los adulterios, la inmoralidad sexual, los robos, los falsos testimonios y las calumnias. Estas son las cosas que contaminan a la persona, y no el comer sin lavarse las manos».

Mateo 15: 17–20

«Dejadlos; son guías ciegos. Y, si un ciego guía a otro ciego, ambos caerán en un hoyo».

Mateo 15:14

Tu hacer siempre fluirá de tu ser.

SER
Identidad, carácter, vocación

Una persona única
- mente
- voluntad
- emociones

Un temperamento único
- Introvertido o extrovertido
- Piensa o siente

Un trasfondo único
- cultura
- género
- educación
- experiencias

Un conjunto único
- habilidades naturales
- fortalezas
- debilidades

HACER
Acciones, decisiones

Toma decisiones

Implementa acciones

Desarrolla relaciones

Todo liderazgo implica tanto quién eres como lo que haces. Si tu ser no está bien, tu hacer no liderará de manera saludable.

La ventaja de ser un líder cristiano

SER
Una nueva creación

Santo

Justicia de Dios

Completamente perdonado

Aceptado

Agradable a Dios

Lleno del Espíritu Santo

HACER
Acciones, decisiones

Toma decisiones

Implementa acciones

Desarrolla relaciones

Si tu ser está bien, tu hacer liderará de manera saludable.

Enemigos del auténtico liderazgo cristiano

El mundo puede retenernos

El mundo nos anima a derivar nuestro sentido de importancia de nuestro estatus o posición .

En la medida en que basemos nuestra identidad en nuestra posición de liderazgo, nuestro liderazgo será distorsionado, disfuncional o menos eficaz.

La gente seguirá **quién eres** y **cómo eres** por encima de seguir lo que haces o lo que dices.

Dios no te evalúa en base a tu nivel en el trabajo, el tamaño del equipo que lideras, la fachada de éxito, o cualquier otro factor externo. Sólo le preocupa una cosa: tu carácter — si te estás pareciendo cada vez más a Jesús.

El diablo puede retenernos

«Si os enojáis, no pequéis». No permitáis que el enojo os dure hasta la puesta del sol, ni deis cabida al diablo.

Efesios 4:26-27

«Os di leche porque no podíais asimilar alimento sólido, ni podéis todavía... Mientras haya entre vosotros celos y contiendas».

1 Corintios 3: 2

La Biblia deja claro que cuando pecamos le damos al enemigo **cabida** en nuestra vida, un lugar desde el cual operar.

El campo de batalla es nuestra mente, nuestros pensamientos.

«Así que someteos a Dios. Resistid al diablo, y él huirá de vosotros».

Santiago 4: 7

Los Pasos hacia la libertad en Cristo (ver la página 26) es un proceso para ayudarte a eliminar los sitios que has cedido al enemigo y asegurarte de que tu ser sea sano.

La carne puede retenernos

Podemos intentar liderar en nuestras propias fuerzas: pensar que el resultado depende de nosotros. Si fracasamos nos enojaremos y frustraremos y nos culparemos a nosotros mismos o a otras personas.

La cuestión clave es saber cuál es la verdad y tomar una decisión, paso a paso.

Vivid por el Espíritu, y no seguiréis los deseos de la carne.

Gálatas 5:16

No os amoldéis al mundo actual, sino sed transformados mediante la renovación de vuestra mente.

Romanos 12: 2a

Debemos crear el hábito de renovar nuestra mente, descubrir las mentiras que solemos creer y remplazarlas con la verdad.

Demoledor de Bastiones

Determina la mentira que has llegado a creer

¿Qué efecto ha tenido sobre tu vida?

Encuentra versículos de la Biblia que proclamen la verdad y apúntalos.

Escribe una oración / declaración
- Renuncio a la mentira que dice que ...
- Anuncio la verdad de que ...

Lee los versículos y repite la oración/declaración diariamente durante 40 días.

El carácter es fundamental

El liderazgo es esencialmente un proceso de discipulado.

Un discípulo es «alguien que está aprendiendo a parecerse cada vez más a Jesús en su carácter».

La evidencia del crecimiento de carácter es un aumento en el fruto del Espíritu en tu vida que se demostrará en tus acciones.

> **Pero el fruto del Espíritu es**
>
> amor,
>
> alegría,
>
> paz,
>
> paciencia,
>
> amabilidad,
>
> bondad,
>
> fidelidad,
>
> humildad,
>
> dominio propio;
> No hay ley que condene estas cosas.
> Gálatas 5: 22–23

La madurez es:

- creciente disposición a asumir la responsabilidad por tu propia mente, voluntad y emociones (alma) y tomar buenas decisiones
- creciente amor por los demás y un deseo de servirles con humildad
- creciente congruencia entre lo interno y lo externo —«lo que ves es lo que hay»— que los demás verán como honestidad.

El quebranto y el fruto abundante

> Para evitar que me [Pablo] volviera presumido por estas sublimes revelaciones, una espina me fue clavada en el cuerpo, es decir, un mensajero de Satanás, para que me atormentara. Tres veces le rogué al Señor que me la quitara; pero él me dijo: «**Te basta con mi gracia, pues mi poder se perfecciona en la debilidad**». Por lo tanto, gustosamente haré más bien alarde de mis debilidades, para que permanezca sobre mí el poder de Cristo. Por eso me regocijo en las debilidades, insultos, privaciones, persecuciones y dificultades que sufro por Cristo; porque, cuando soy débil, entonces soy fuerte.
>
> 2 Corintios 12: 7–10

Parte de la preparación de Dios para auténticos líderes cristianos es el quebranto.

Nunca experimentamos el poder de Dios en nuestra vida a menos que lleguemos al límite de nuestras capacidades.

Dios puede usar:

- una crisis de reputación
- un conflicto personal
- una injusticia
- problemas de salud
- dificultades financieras.

Sus propósitos son:

- tratar con los problemas que necesitan ser resueltos
- que reconozcamos nuestra dependencia de Él
- quitar aquellas cosas que se han convertido en sustitutos de Dios
- restaurar la intimidad de nuestra relación con Él.

El liderazgo también implica hacer

Todo liderazgo implica tanto quién eres como lo que haces. Tu hacer fluye de tu ser — ¡SIEMPRE!

Decidir

- Actuar en fe
- Tomar la decisión

Discernir

- Reconocer lo mejor (según Dios) para las personas y los sistemas humanos.

Dirigir

- Ofrecer visión y misión.
- No quitar la mirada del panorama más amplio.

Desarrollar

- Promover la salud en personas y sistemas.

Delegar

- Compartir la autoridad con responsabilidad.

Disciplina

- Crear límites y dar forma
- Entrenar con enfoque y corregir conductas si es necesario.

Criterios para examinar un estilo o teoría de liderazgo:
- ¿Es congruente con la Biblia?
- ¿Fluye del ser del líder?
- ¿Es apropiado y beneficioso para el contexto y la situación?
- ¿Es sabio?

El dilema del liderazgo

Jesús dijo: «Yo no puedo hacer nada por mi propia cuenta»	Pablo dijo: «Todo lo puedo en Cristo que me fortalece».
Juan 5:30	Filipenses 4:13

Podemos tener la tendencia a avanzar y hacer las cosas en nuestra propia fuerza, o a titubear demasiado y no hacer lo que deberíamos. El principio bíblico es: puedo hacerlo «todo» pero sólo «en Cristo que me fortalece».

> **Pausa para la Reflexión**
>
> En esta sesión, hemos presentado un concepto que puede ser nuevo para ti: cómo nuestro ser como líderes determina nuestro liderazgo.
>
> ¿Qué diferencias crees que hay entre el ser y el hacer en el liderazgo?
>
> ¿Qué tan importante crees que es tu «estilo» de liderazgo? ¿Por qué?
>
> ¿Cómo te han retenido el mundo, la carne o el demonio en el liderazgo?
>
> ¿Cómo superarás esto?

PONLO EN PRÁCTICA

¿Cuál fue el resultado de tu(s) acción(es) de la sesión previa?

¿Cómo aplicarás esta semana lo que has aprendido?

Que unos por otros oren por las responsabilidades de liderazgo de cada uno.

Reflexiona sobre tus propias experiencias de liderazgo utilizando el cronograma de la página 16:

- Describe tu posición actual de liderazgo. ¿Quién eres como líder? ¿Qué haces? ¿A quién lideras?
- ¿Cuáles son tus esperanzas y sueños? ¿Qué indicadores de salud ves en tu contexto?

SESIÓN 4:

Liderar en tu contexto

BIENVENIDA

¿Con qué personaje del Antiguo Testamento te identificas más? ¿Por qué?

ADORACIÓN

Lee el Salmo 37: 9–13.

Agradécele a Dios que la maldad no prevalecerá.

Agradécele a Dios que su pueblo heredará la tierra —es decir, se convertirá en gente que ejerce influencia en su ciudad, región o nación.

PALABRA

Leer

Lee 1 Corintios 12: 12–31.

Al leer, fíjate en las palabras «uno» o «un» y «muchos» o «todos».

Entender

- ¿Quién escribió este pasaje?
- ¿A quién se escribió este pasaje?
- ¿Por qué se escribió este pasaje/carta?

Discernir

- Metafóricamente en este pasaje, ¿qué representa «el cuerpo»?
- ¿Qué representan las «partes del cuerpo»?
- ¿Qué partes del cuerpo reciben mayor honor?
- ¿Por qué crees que Dios ha hecho el cuerpo de esta manera?
- ¿Cómo afecta el sufrimiento de un miembro al cuerpo entero?
- ¿Cómo afecta la honra de un miembro al cuerpo entero?

Aplicar

- ¿Cómo describirías la cultura corporativa de la iglesia de los corintios?
- ¿Qué cosas suelen afectar al «cuerpo» tanto positiva como negativamente?
- Describe cómo se siente tener una ampolla en el pie. ¿Cómo afecta la

manera en que caminas? ¿Qué podría ser el equivalente espiritual de tener una «ampolla» en tu pie?
- ¿Qué es el equivalente espiritual de tener una «ampolla» en el cuerpo de Cristo?
- Describe una ocasión en la que alguien bajo tu liderazgo estaba sufriendo. ¿Cómo sufrió el grupo? ¿Cómo sufriste tú?
- ¿Cuál sería el efecto de separar a «un miembro» del «cuerpo»? ¿Cómo afectaría esto al miembro? ¿Cómo afectaría esto al cuerpo?

Comprometerse

- Describe una manera en la que podrías honrar a otra parte del cuerpo a la que perteneces ¿Cómo crees que esto afectaría al cuerpo entero?
- ¿Cuándo te has sentido separado del «cuerpo»? ¿Cuáles fueron las circunstancias? ¿Cómo afectó esto al grupo que dirigías?
- ¿Cómo puedes reconectarte al cuerpo?

MIRA EL VÍDEO

Un líder que ha tenido éxito en un lugar puede fallar en otro contexto de liderazgo —y viceversa.

> **Pausa para la Reflexión**
>
> A veces parece que el liderazgo es un misterio. No entendemos por qué tenemos éxito en una ocasión y luego fracasamos en otra.
>
> ¿Cuándo te resulta más fácil liderar?
>
> ¿Cuándo te resulta difícil liderar?
>
> ¿Qué marca la diferencia entre estas dos?

Sistemas humanos

Sistema: un conjunto de cosas que trabajan juntas como partes de un todo complejo.

- Un sistema informático
- Un sistema digestivo

Sistema humano: un conjunto (grupo) de gente con una conexión desde la cual emergen su propia identidad y sus formas. Desarrolla una identidad compartida y una forma propia de hacer las cosas.

- La familia humana
- El término bíblico «casa»

El por qué de los sistemas humanos

Los sistemas humanos siempre ejercen influencia sobre la conducta de sus miembros.
Ellos gobiernan:

- La organización, la identidad y los patrones de relación
- La satisfacción personal y el significado/ propósito
- Las normas sociales

Los sistemas humanos ejercen más influencia sobre nosotros de la que nosotros ejercemos sobre ellos.

Líderes de sistemas humanos

La palabra bíblica para los líderes de sistemas humanos es «**mayordomo**».

Todos los sistemas humanos tienen líderes. Siempre surge alguna forma de liderazgo.

- Si nos comportamos como un líder y la gente nos sigue, estamos liderando, independientemente de nuestro título.
- Si la gente no nos ve como líder, o no nos sigue, no estamos liderando, independientemente de nuestro título.

Los sistemas humanos como «personas»

El cerebro

El líder es como **el cerebro.**

- A través de nuestro *ser* regulamos el funcionamiento saludable del sistema humano.
- A través de nuestro hacer ayudamos al sistema humano a tomar buenas decisiones y emprender acciones prudentes.

Como líderes, nuestro *ser* influye más profundamente en nuestros sistema humano de lo que nos damos cuenta. Nuestro ser es la principal fuente de influencia en el liderazgo de nuestro sistema humano.

El espíritu

El **espíritu** de un sistema humano: una realidad invisible que influye y afecta social y espiritualmente a las personas dentro de su ámbito.

El espíritu de un sistema humano funciona de acuerdo a principios espirituales:

- El pecado y el legalismo traen muerte al espíritu del sistema humano.
- El arrepentimiento y el perdón dan vida al espíritu del sistema humano.
- Si sembramos en la carne en un sistema humano, cosechamos corrupción.
- Si sembramos en el espíritu en un sistema humano, cosechamos vida en el sistema humano.

El pasado influye en el presente en el sistema humano.

El alma

El **alma** de un sistema humano: las emociones, la mente y la voluntad.

- Las emociones o «procesos emocionales» de un sistema humano son:

    La compleja interacción de

    - Impresiones
    - Sentimientos —especialmente el gusto y el disgusto—

    Todo lo cual influye sobre

    - Pensamientos
    - Emociones
    - Decisiones

- La mente de un sistema humano: los procesos de pensamiento y las actitudes.

- La voluntad de un sistema humano: la toma de decisiones y elecciones corporativas.

El cuerpo

La «carne y huesos» de un sistema humano:

- Las estructuras, tales como edificios.

- Las políticas y procedimientos, tales como los estatutos.
- Las formas en que proyecta su imagen, tales como los sitios web.
- La manera en que los miembros del sistema humano interactúan entre sí, tales como grupos pequeños.

El cuerpo de un sistema humano es la expresión de la interacción del espíritu, alma y cerebro (liderazgo) del sistema humano.

Un gran error es asumir que podemos liderar al cambiar primeramente el cuerpo de un sistema humano, en lugar de promover salud y cambio positivo en el espíritu y el alma del sistema humano.

Pausa para la Reflexión

La idea de sistemas humanos puede ser un concepto completamente nuevo para ti, pero seguramente habrás experimentado su influencia.

¿Cómo has experimentado la influencia de los sistemas humanos en tu vida y en tu liderazgo?

¿Has visto un liderazgo eficaz en un sistema humano?

¿Has visto que un sistema humano destruya un buen liderazgo?

El dilema del liderazgo

Convertirnos en un líder saludable es nuestra principal responsabilidad. Pero ser un líder saludable, por sí solo, no determina que demos buen fruto como líderes. Un sistema humano sano a menudo convertirá un líder malsano en uno eficaz; un sistema humano malsano a menudo hará que un líder saludable sea ineficaz.

Esto significa que nuestro sistema humano determina la eficacia de nuestro liderazgo mucho más de lo que nos damos cuenta.

PONLO EN PRÁCTICA

¿Cuál fue el resultado de tu(s) acción(es) de la sesión previa?

¿Cómo aplicarás esta semana lo que has aprendido?

Oren los unos por los otros en sus responsabilidades de liderazgo.

Libertad para tu iglesia, ministerio, organización

Los Pasos Hacia la Libertad en Cristo para tu Iglesia – Ministerio - Organización explora cómo el pecado colectivo roba la vitalidad espiritual y el fruto de las iglesias, e impide que sean libres en Cristo. Neil T. Anderson y Charles Mylander, autores y líderes muy respetados, ofrecen una herramienta práctica y dinámica para tratar bíblicamente con el pecado colectivo de una iglesia, ministerio u organización.

Este recurso ofrece un enfoque equilibrado al tomar en cuenta la realidad del mundo espiritual, las heridas, y las emociones, así como la necesidad de rectificar los problemas en el liderazgo y en la administración de la iglesia. Los que ponen por obra estos principios bíblicos, descubrirán cómo unirse alrededor de un propósito común, tratar con el poder de los recuerdos que afectan el presente y el futuro de la iglesia, derrotar los ataques de Satanás y seguir adelante con un plan de acción fuerte y eficaz. Estos principios se pueden aplicar tanto a iglesias como a ministerios u organizaciones cristianas.

Más información sobre este recurso en: www.libertadencristo.org

SESIÓN 5:

Construir sistemas humanos sanos

BIENVENIDA

¿Cómo sería un día perfecto para ti?

ADORACIÓN

Lee el Salmo 37: 14–16.

Dale gracias a Dios por su cuidado de los pobres y necesitados y por su provisión para su pueblo.

PALABRA

Leer

Lee Colosenses 3: 2–17.

- ¿Qué se nos anima a hacer por nosotros mismos?
- ¿Qué se nos anima a permitir que otra persona haga por nosotros?

Entender

- ¿Quién escribió este pasaje?
- ¿A quién se escribió?
- ¿Cuál es el tema principal de este pasaje?

Discernir

- ¿Cómo describe Pablo a sus lectores?
- ¿De qué les pide Pablo que «se vistan/revistan» y que «gobierne/habite» en ellos?
- ¿Qué les pide Pablo que hagan?
- ¿Cómo deben hacerlo?
- ¿Por qué deben hacerlo?

Aplicar

- ¿Cómo se convierten en parte de nuestro ser aquellas características que nos manda a «vestir» o a que «habiten» en nosotros?
- ¿Cómo te afectan estas características como líder?
- ¿Cómo afectan al grupo que lideras estas características en ti?

Comprometerse

- ¿Cuándo te cuesta más demostrar las características descritas en este pasaje en tu propia vida?
- ¿Qué acciones podrían aumentar tu capacidad de «vestir» las características a las que Pablo se refiere?
- ¿Qué actitudes aumentarían tu capacidad de ejercitar estas características en tu liderazgo —tanto tus actitudes como las actitudes de quienes lideras?

MIRA EL VÍDEO

Sistemas humanos sanos

Sin un liderazgo saludable, es imposible que un sistema humano malsano llegue a ser saludable.

El liderazgo es el factor principal que determina si un sistema humano permanece sano o si da incluso más fruto.

Tres características distintivas de los líderes sanos:

1. Su ser está fundamentado en Jesús
2. Humildad genuina: una visión sobria y verdadera de sí mismos y reconocimiento de la grandeza de Dios
3. Una persistencia santa - perseverancia.

> **Pausa para la Reflexión**
>
> Hemos hablado mucho sobre las características de un buen líder. A veces es útil estudiar un ejemplo opuesto. Podemos aprender lo que no debemos hacer en el liderazgo y descubrir aquello que resta eficacia a nuestro liderazgo.
>
> ¿Qué caracteriza a un mal líder?
> ¿Qué obstaculiza a un liderazgo eficaz?
> ¿Cómo sabes que un sistema humano es sano?

Tres características de los sistemas humanos sanos:

1. Sumisión mutua
Someteos unos a otros por reverencia a Cristo.
Efesios 5:21

2. Unidad

> ¡Cuán bueno y cuán agradable es que los hermanos convivan en armonía! Es como el buen aceite que, desde la cabeza, va descendiendo por la barba, por la barba de Aarón, hasta el borde de sus vestiduras. Es como el rocío de Hermón que va descendiendo sobre los montes de Sión. Donde se da esta armonía, el Señor concede bendición y vida eterna.
>
> Salmo 133

> Por eso yo, que estoy preso por la causa del Señor, os ruego que viváis de una manera digna del llamamiento que habéis recibido, siempre humildes y amables, pacientes, tolerantes unos con otros en amor. Esforzaos por mantener la unidad del Espíritu mediante el vínculo de la paz. Hay un solo cuerpo y un solo Espíritu, así como también fuisteis llamados a una sola esperanza; un solo Señor, una sola fe, un solo bautismo; un solo Dios y Padre de todos, que está sobre todos y por medio de todos y en todos.
>
> Efesios 4: 1–6

> Os suplico, hermanos, en el nombre de nuestro Señor Jesucristo, que todos viváis en armonía y que no haya divisiones entre vosotros, sino que os mantengáis unidos en un mismo pensar y en un mismo propósito.
>
> 1 Corintios 1:10

3. Amor

> Por encima de todo, vestíos de amor, que es el vínculo perfecto.
>
> Colosenses 3:14

Sistemas humanos malsanos

Tres características de los sistemas humanos disfuncionales:

1. Rebeldía: negarse a cooperar; hacer demandas
2. Facciones: secretos, chismes y rumores.
3. Egocentrismo: egoísmo total.

Construir sistemas humanos sanos

El poder para ejercer una influencia sanadora sobre nuestro sistema humano fluye de nuestro ser:

- Nuestra propia salud espiritual: importancia, seguridad y aceptación basadas en Jesucristo
- Un compromiso genuino y auténtico con nuestra gente: ser una presencia tangible de amor en medio de ellos.

En las bodas, el esposo y la esposa se comprometen el uno al otro «en la salud y la enfermedad». Si, como líderes, queremos tener una influencia duradera sobre nuestro sistema humano, también debemos comprometernos con ellos en la salud y en la enfermedad.

La ruina del liderazgo – La ansiedad

Ansiedad : agitación y zozobra que resulta de una inquietud inapropiada sobre algo inminente o incierto.

- Ansiedad aguda — episódica.
- Ansiedad crónica — continua, persistente, habitual.

La ansiedad en la Biblia

Pues Dios no nos ha dado un espíritu de temor, sino de poder, de amor y de dominio propio.

2 Timoteo 1: 7

Temor: «Detrás del temor hay ansiedad».

Humillaos, pues, bajo la poderosa mano de Dios, para que él os exalte a su debido tiempo. Depositad en él toda ansiedad, porque él cuida de vosotros. Practicad el dominio propio y manteneos alerta. Vuestro enemigo el diablo ronda como león rugiente, buscando a quién devorar. Resistidlo, manteniéndoos firmes en la fe, sabiendo que vuestros hermanos en todo el mundo están soportando la misma clase de sufrimientos.

1 Pedro 5: 6–9

Este pasaje muestra una conexión entre la ansiedad y la influencia demoníaca. A los cristianos, la ansiedad nos vuelve susceptibles al ataque demoníaco.

«Ansiedad» también se puede traducir como «preocupación» o «inquietud». Describe un estado emocional que no lleva a atribuir importancia a algo. Igual que la ira, indica algo que debe tratarse.

Raíces de ansiedad

- Identidad e integridad no fundamentadas en Jesucristo.
- Estar perdido y desarraigado —falta de confianza.
- Sobrecargado y confundido.
- Aversión a la pérdida.
- Idolatría (confiar en las personas y las cosas en lugar de Dios).
- No asumir la responsabilidad debida.

Características de la ansiedad

1. La ansiedad se contagia.
2. La ansiedad se disfraza.
3. La ansiedad lo distorsiona todo en una persona y en un sistema humano.
4. La ansiedad debilita las defensas naturales de las personas y de los sistemas humanos: les vuelve susceptibles a la influencia de fuerzas externas.
5. La ansiedad se puede resistir.

Ansiedad y la influencia demoníaca

La ansiedad es una dinámica espiritual así como una dinámica emocional. Los demonios, incluyendo principados y potestades, intentan producir e incrementar la ansiedad en las personas y en los sistemas humanos para controlarlos. Si no se resuelve, la ansiedad abre la puerta a la influencia demoníaca en toda persona o sistema humano.

Cómo reconocer la ansiedad

Síntomas de ansiedad en las **Personas**	Síntomas de ansiedad en los **sistemas humanos**
• Pérdida de imaginación.	• Intolerancia al dolor.
• Incapacidad de razonar	• Habituarse a la inmadurez y a la irresponsabilidad
• Incapacidad de decidir	
• Emotividad extrema	• Búsqueda de lo cómodo y lo conveniente
• Comunicación distorsionada	• Asuntos y soluciones «de moda»
• Estar a la defensiva	• Egocentrismo corporativo
• Síndrome de «exceso» — exceso de comida, alcohol, televisión, etc.	• Enfoque en los derechos
	• Obsesión con las reglas.
• Buscar la «varita mágica»	• Exageración
• Inquietud	• Quejas ambiguas, indefinidas
• Impotencia	• Pensamiento de grupo
La Ansiedad Crónica en las Personas	**La ansiedad crónica en los sistemas humanos**
• Terquedad	• Obsesión con lo que perciben que es el problema
• Egocentrismo	• División en facciones
• Culpar y criticar	• Obsesión con asuntos periféricos como la salud y la seguridad
• Atribución de culpa	
• Comportamientos nocivos	• Expectativas poco realistas
	• Ataques personales, especialmente entre los líderes

Interferencia en la comunicación

Cuando la ansiedad está presente en una persona o en un sistema, siempre obstaculiza la comunicación.

Generadores de ansiedad en la comunicación	Reductores de ansiedad en la comunicación
• Ira • Emociones a flor de piel • Rumores y secretos (incluso cuando se desconocen) • Queja y murmuración	• Mantener la serenidad • Mantener la esperanza • Ser abierto y sincero • Sonreír • Escuchar activamente • Mantener un discurso y un tono moderados • Elogio y agradecimiento sincero • Reconocer el dolor en ti mismo y en otros

Si tenemos ansiedad no controlada o mal gestionada, no podemos liderar eficazmente. La ansiedad en el líder siempre produce o aumenta la ansiedad en el sistema humano.

> Para leer más sobre la ansiedad, recomendamos
> *A Failure Of Nerve* de Edwin H. Friedman (Seabury Books, 2007).

> **Pausa para la Reflexión**
>
> A menudo olvidamos tomar en cuenta la influencia de la salud de nuestro sistema humano sobre la eficacia de nuestro liderazgo.
>
> Según lo aprendido en esta sesión, ¿cuál es la salud actual del sistema humano que lideras?
>
> ¿Qué efectos de la ansiedad has visto en tu vida, tu liderazgo, o en los sistemas humanos a los que perteneces?
>
> ¿Qué otras enfermedades has visto en los sistemas humanos?
>
> ¿Cómo superaste esas enfermedades?

El dilema del liderazgo

> El liderazgo auténtico es la única manera de resolver la ansiedad crónica, ya sea en las personas o en los sistemas humanos. Sin embargo, el liderazgo auténtico suele incrementar la ansiedad antes de ayudar a las personas y a los sistemas humanos a salir de ella. La situación puede empeorar, y mucho, antes de mejorar.

Con tu ser arraigado en Cristo y tu hacer que fluye de tu ser, puedes llevar a tu sistema humano hacia la salud.

PONLO EN PRÁCTICA

¿Cuál fue el resultado de tu(s) acción(es) de la sesión previa?

¿Cómo aplicarás esta semana lo que has aprendido?

Ora por la salud de cada sistema humano representado en tu grupo.

SESIÓN 6:

Superar la ansiedad personal

BIENVENIDA

¿Cuál fue tu momento más vergonzoso?

ADORACIÓN

Lee el Salmo 37: 17–20.

Agradece y alaba a Dios por su cuidado, protección y provisión para su pueblo en tiempos difíciles.

PALABRA

Leer

Lee 1 Pedro 5: 6–11.

Lee el pasaje nuevamente y fíjate en cada promesa de Dios. Fíjate si las promesas son condicionales o incondicionales. ¿Qué puede impedir que recibamos las promesas?

Entender

- ¿Quién escribió este pasaje?
- ¿Para quién se escribió este pasaje?
- ¿Por qué se escribió este pasaje / carta?

Discernir

- ¿Qué nos enseña este pasaje sobre la persona y la naturaleza de Dios?
- ¿Qué crees que significa humillarnos?
- ¿Qué es la ansiedad? ¿Qué crees que significa depositar en Dios toda nuestra ansiedad?
- ¿Qué crees que significa que el diablo «ronda como león rugiente»? ¿Cómo se ve eso en la vida real?
- ¿Cómo crees que el demonio puede «devorar» a alguien?
- ¿Qué promete Dios en el versículo 10? ¿Qué crees que significa cada promesa?
- ¿Qué significado tiene la declaración de Pedro en el versículo 11?

Aplicar

- ¿Cuál es el «debido tiempo» al que se refiere Pedro (versículo 6)? ¿Cómo lo reconoceríamos?
- ¿Qué crees que significa resistir al diablo? ¿Cómo podríamos hacerlo?
- ¿Cómo nos ayuda a mantenernos firmes en la fe, saber que otros cristianos experimentan los mismos sufrimientos?
- ¿Qué características o actividades de Dios que Pedro menciona pueden consolarnos y animarnos?
- ¿Cuál es el papel o el propósito del sufrimiento (versículos 9-10) en este pasaje?
- ¿Cómo has experimentado cada una de las promesas de Dios en el versículo 10 en tu vida en el pasado?
- A la luz de este pasaje, ¿qué puedes esperar como líder, para bien y para mal?

Comprometerse

- ¿Cómo sería para ti, como líder, depositar toda tu ansiedad en Dios?
- ¿Cómo puedes practicar el dominio propio y mantenerte alerta como líder?

MIRA EL VÍDEO

La angustia abate el corazón del hombre, pero una palabra amable lo alegra.

Proverbios 12:25

Por lo tanto, no os angustiéis por el mañana, el cual tendrá sus propios afanes. Cada día tiene ya sus problemas.

Mateo 6:34

No os inquietéis por nada; más bien, en toda ocasión, con oración y ruego, presentad vuestras peticiones a Dios y dadle gracias.

Filipenses 4: 6

Definición de ansiedad

Agitación y zozobra que resulta de una inquietud **inapropiada** sobre algo inminente o incierto.

La inquietud es una emoción natural. Es un indicador de que algo es importante para ti. No toda inquietud es inapropiada.
La inquietud apropiada proviene de una evaluación que concuerda con la realidad y la verdad de la situación.

> La inquietud inapropiada suele repetirse, se convierte en un hábito y necesita resolución — no está basada en la verdad de la Palabra de Dios.

Estrategias para resolver la ansiedad personal

> **Humillaos**, pues, bajo la poderosa mano de Dios, para que él os exalte a su debido tiempo. **Depositad en él toda ansiedad**, porque él cuida de vosotros.
>
> Practicad el dominio propio y manteneos alerta. Vuestro enemigo el diablo ronda como león rugiente, buscando a quién devorar. Resistidlo, manteniéndoos firmes en la fe, sabiendo que vuestros hermanos en todo el mundo están soportando la misma clase de sufrimientos.
>
> 1 Pedro 5: 6–9

Puedes elegir resolver la ansiedad

No os angustiéis por el mañana.

Mateo 6:34

No os inquietéis por nada.

Filipenses 4: 6

1. Humillaos

- Dejar atrás nuestra agenda.
- Dejar atrás metas equivocadas.

> **Metas y deseos**
> Cualquier meta que pueda ser bloqueada por otras personas o circunstancias y que no tienes ni el derecho ni la habilidad de controlar, no es una meta que Dios quiere que tengas. Hay que rebajarla a la categoría de «deseo».

2. Deposita tu ansiedad en Dios

En oración, determina lo siguiente:

- ¿Qué responsabilidad le corresponde a Dios?
- ¿Qué responsabilidad le corresponde a otra persona?
- ¿Qué es tu responsabilidad?

Haz lo que necesites hacer para cumplir con tu responsabilidad

- Perdón
- Arrepentimiento
- Hacer las paces

Luego deja lo demás a Dios.

> *Los Pasos hacia la Libertad en Cristo* de Neil Anderson (ver página 26) ofrecen una forma muy práctica de hacerlo en su «Apéndice sobre la Ansiedad».

Practica las disciplinas espirituales

Alegraos siempre en el Señor. Insisto: ¡Alegraos! Que vuestra amabilidad sea evidente a todos. El Señor está cerca. No os inquietéis por nada; más bien, en toda ocasión, con oración y ruego, presentad vuestras peticiones a Dios y dadle gracias. Y la paz de Dios, que sobrepasa todo entendimiento, cuidará vuestros corazones y vuestros pensamientos en Cristo Jesús.

Filipenses 4: 4–7

1. Alégrate siempre en el Señor.

2. Que tu amabilidad sea evidente a todos.

3. Que tu generosidad y magnanimidad sea evidente.

4. Ora: presenta tus peticiones Dios.

5. Dale gracias.

6. Persevera hasta que la paz de Dios guarde tu corazón y tu mente.

Si lo que percibimos no refleja la verdad, lo que sentimos no reflejará la realidad.

Pausa para la Reflexión

Practiquemos el agradecimientos con el «Desafío de acción de gracias de 5 minutos». Pon un temporizador a 5 minutos y dale gracias a Dios durante ese tiempo. No le agradezcas por la misma cosa más de una vez.

¿Cuánto te costó el Desafío de acción de gracias de 5 minutos?
De las disciplinas enumeradas, ¿cuál te cuesta más y por qué?
¿Qué paso darás mañana para mejorar esa disciplina en tu vida?

Elige tu enfoque

Por último, hermanos, considerad bien todo lo verdadero, todo lo respetable, todo lo justo, todo lo puro, todo lo amable, todo lo digno de admiración, en fin, todo lo que sea excelente o merezca elogio. Poned en práctica lo que de mí habéis aprendido, recibido y oído, y lo que habéis visto en mí, y el Dios de paz estará con vosotros.

Filipenses 4: 8–9

- Lo que has aprendido – el discipulado
- Lo que has recibido – las tradiciones
- Lo que has oído – la enseñanza
- Lo que has visto – ejemplos de vida cristiana de primera mano

Reconoce que el conflicto en el liderazgo es inevitable

No hay que temer el conflicto. El conflicto va a surgir de vez en cuando. La pregunta clave es esta: ¿cómo lo manejarás?

Decide responder en lugar de reaccionar

Reacción: se actúa desde el instinto y el reflejo.

Respuesta: se actúa con intencionalidad y por decisión, ejerciendo dominio propio.

Acepta el dolor

Dios usa el dolor para forjar nuestro carácter y el de las personas a quienes lideramos.

Debemos cuidar a quienes lideramos, pero no somos responsables de sus problemas. Así como Dios se niega a intervenir y hacer cosas que son nuestra responsabilidad, debemos evitar intervenir para «rescatarles» o «medicarles» para que se sientan mejor, cuando les sería más ventajoso perseverar y así, madurar.

Recuerda el Shabat
- Tómate las vacaciones.
- Vete de retiro.

Maneja el estrés
- Conoce tus puntos débiles
    - ¿Qué tentación te atrae más?
    - ¿Cuál es la salida?
- Descansa, come bien y haz ejercicio.
- Controla tus aparatos y distracciones.

Espera en el Señor

> Pero los que esperan en el Señor
> renovarán sus fuerzas;
> volarán como las águilas:
> correrán y no se fatigarán,
> caminarán y no se cansarán.

Isaías 40:31

> **Pausa para la Reflexión**
>
> Hemos presentado una serie de estrategias en esta sesión para ayudarnos a resolver y superar la ansiedad en nuestro liderazgo. Piensa de qué manera puedes implementar estas estrategias en tu vida.
>
> ¿Cómo practicas el Shabat?
> ¿Cuál estrategia para superar la ansiedad te impactó más?
> ¿Qué vas a hacer al respecto?
> ¿Qué punto de esta sesión te ha impactado más?

Temas clave para el crecimiento personal de un líder

Hemos enfatizado la necesidad de trabajar en nuestro *ser* como líderes porque nuestro hacer fluye de nuestro ser. A medida que avanzamos en *Libres para Liderar*, notarás que esto se reduce a algunos puntos clave:

1. Conoce quién eres en Cristo.
2. Sé implacable en cerrar toda puerta abierta al enemigo por tu pecado pasado y no abras ninguna más.
3. Renueva tu mente con la verdad de la Palabra de Dios (y así serás transformado).
4. Trabaja desde el descanso.

El dilema del liderazgo

La ansiedad siempre se esconde o disfraza, por lo que podemos ser ciegos a nuestra ansiedad y a su influencia sobre nuestro liderazgo.
La ansiedad también socava el dominio propio y la renovación de la mente las cuales necesitamos para superarla.

PONLO EN PRÁCTICA

¿Cuál fue el resultado de tu(s) acción(es) de la sesión previa?

¿Cómo aplicarás esta semana lo que has aprendido?

Orar los unos por los otros, sobre todo por aquello que parece causar ansiedad en tu grupo.

Te invitaremos a hacer los *Pasos hacia la Libertad para Líderes* al final de este curso. Pero si quieres examinar más a fondo el tema de la ansiedad en ti como líder ahora mismo, puedes leer el Paso 3

SESIÓN 7:

Superar la ansiedad grupal

BIENVENIDA

¿Cuál es tu cualidad personal más fuerte?

ADORACIÓN

Lee el Salmo 37: 21–24.
Ora que tu generosidad refleje la generosidad de Dios.
Agradécele a Dios por las muestras de su generosidad en tu vida.

PALABRA

Leer

Lee Efesios 6: 10–20 y 2 Timoteo 2: 24–36.

Lee los pasajes nuevamente y subraya cada palabra que revela un adversario hacia nuestro liderazgo. ¿Qué indican las palabras marcadas sobre la naturaleza de las batallas que enfrentamos como líderes?

Entender

- ¿Quién escribió estos pasajes?
- ¿Para quiénes se escribieron estos pasajes?
- ¿Por qué se escribieron estos pasajes / cartas?

Discernir

- ¿Cuál es el propósito de la armadura de Dios?
- ¿Cuál es nuestro objetivo final en el pasaje de Efesios (versículos 13-14) y en el pasaje de 2 Timoteo (versículo 26)?
- ¿Qué actividad se le atribuye al diablo («fuerzas espirituales del mal») en los dos pasajes?
- ¿Qué crees que significa «orar en el Espíritu en todo momento»?
- ¿Cómo se manifiesta el «andar peleando»? ¿Qué es lo opuesto, según Pablo?
- ¿Qué es la «trampa del diablo»?

Aplicar

- ¿Qué significa mantenerse firme? ¿Cómo se relaciona eso con el liderazgo?
- ¿Por qué es importante mantenerse alerta, perseverando en oración?
- No luchamos contra «seres humanos», pero debemos corregir a los «adversarios». ¿Cómo reconciliamos estas dos ideas?
- ¿Por qué crees que es tan importante «no andar peleando» especialmente como líder?
- ¿Por qué dice Pablo «con la esperanza» de que Dios conceda arrepentimiento, en lugar de decir que Dios «concederá» arrepentimiento?
- ¿Qué viene primero: el arrepentimiento o conocer la verdad? ¿Por qué tiene importancia?
- A la luz de este pasaje, ¿qué puedes esperar como líder, tanto positiva como negativamente?

Comprometerse

En tu liderazgo, ¿cómo sopesas por un lado la idea de que tu lucha no es contra seres humanos y por otro la necesidad de corregir a tus adversarios con humildad?

A la luz de este pasaje, ¿qué puedes hacer como líder cuando te enfrentas a adversarios?

MIRA EL VÍDEO

Convertirse en un líder inmune a la ansiedad

La ansiedad crónica ha infectado los sistemas humanos de la sociedad, incluyendo a las iglesias.

> La única manera de que los sistemas humanos puedan resistir y resolver la ansiedad crónica es teniendo líderes inmunes a la ansiedad que estén completamente comprometidos y conectados con su sistema humano.

Recuerda:

- Dios nos ha dado un espíritu de poder, de amor y de dominio propio (2 Timoteo 1: 7)
- Ponte toda la armadura de Dios (Efesios 6:11)
- Las personas no son el enemigo (Efesios 6:12)
- Adopta una posición y mantente firme (Efesios 6: 13–14)

Necesitamos mantener la salud de nuestro *ser* si queremos convertirnos en líderes que ayudan a los sistemas humanos a resolver la ansiedad grupal.

Cinco comportamientos de los sistemas humanos ansiosos

1. Reactividad
2. Instinto de manada
3. Culpabilización
4. Solución rápida
5. Abdicación del liderazgo.

Reactividad

La reactividad : un ciclo vicioso de reacciones intensas y automáticas entre personas o grupos que quedan atrapados en una forma negativa y pecaminosa de relacionarse entre sí.

Características de la reactividad
- Emociones exageradamente intensas
- Pesimismo
- Se violan los límites personales legítimos.
- Interrumpirse, hablar unos sobre otros, negarse a escuchar.
- Reacción exagerada a un daño, insulto o desprecio percibido.
- Se toman demasiado a pecho los desacuerdos.
- Se ataca a la persona en lugar de tratar los asuntos legítimos.

Efectos de la reactividad en los sistemas humanos
- Centrarse en la supervivencia y en la estabilidad.
- Defender y justificar el comportamiento reactivo.
- La pérdida de recursos
- Se vuelve destructivo y demonizado.

Cómo superar la reactividad
- Ejercer el dominio propio
- Extender gracia unos a otros

- Identificar y evaluar las percepciones
- Responder intencionalmente con amable firmeza —adoptar una posición
- Enfocarse en lo bueno: en personas y procesos sanos
- Avanzar en el espíritu opuesto
- Perdón en vez de amargura
- Calma en vez de ira
- Aprecio en vez de crítica

> Y un siervo del Señor no debe andar peleando; más bien, debe ser amable con todos, capaz de enseñar y no propenso a irritarse. Así, humildemente, debe corregir a los adversarios, con la esperanza de que Dios les conceda el arrepentimiento para conocer la verdad, de modo que se despierten y escapen de la trampa en la que el diablo los tiene cautivos, sumisos a su voluntad.
>
> 2 Timoteo 2: 24–26

Pausa para la Reflexión

La reactividad es el resultado más común de la ansiedad en los sistemas humanos.
Seguramente hemos sido testigos de la reactividad. Probablemente no nos dimos cuenta de lo que estaba sucediendo.

Describe una ocasión en la que hayas visto a dos personas o grupos atrapados en reactividad
¿Cuál fue el resultado?
¿Qué pudieron haber hecho para obtener un mejor resultado?

El instinto de manada

El instinto de manada: *una fuerte presión para alcanzar una cohesión idealista que no permite que las personas tomen responsabilidad y actúen con madurez.*

Características del instinto de manada
- Un deseo de que «unidos venceremos»
- Ceder ante los miembros menos maduros, más dependientes o disfuncionales.

Cómo superar el instinto de manada
- Centrarse en las personas maduras del sistema humano.
- Enfatizar las fortalezas de las personas y del sistema humano.
- Fomentar la integridad, la madurez y la responsabilidad.
- Permanecer abierto y disponible emocionalmente.
- Tomar una postura clara e íntegra, pero permanecer conectado con las personas.

Culpabilización

Culpabilización: *enfocarse en las fuerzas agresoras que te han victimizado en lugar de asumir la responsabilidad personal de tu propio ser y hacer.*

Cómo superar la culpabilización

- Replantear los problemas como propios del sistema humano y no ajenos a él.
- Centrarse en la madurez y en las personas maduras dentro del sistema humano.
- Revisar las percepciones y las expectativas.
- Describir los desafíos y responder a esos desafíos utilizando los aspectos saludables del sistema humano.
- Animar a las personas a asumir responsabilidad por sí mismas por medio de tu ejemplo.

Solución rápida

Solución rápida: *baja tolerancia del dolor que causa que las personas busquen aliviar los síntomas en lugar de cambiar y madurar.*

Cómo superar la solución rápida

- Aceptar el dolor y la dificultad.
- Fomentar, permitir y defender el tiempo y el espacio para que los procesos maduren.
- Exponer distorsiones idealistas.
- Establecer indicadores claros y realistas que demuestren el progreso.

Abdicación del liderazgo

Abdicación del liderazgo : una falta de audacia que lleva a los líderes a descuidar las responsabilidades del liderazgo y rendirse ante los comportamientos mencionados anteriormente.

Cómo superar la abdicación del liderazgo

- Ejercer dominio propio y tenacidad.
- Trabajar en tu propia madurez e integridad.
- Caminar en el Espíritu de Dios.
- Aceptar las responsabilidades del liderazgo.
- Aceptar las consecuencias de tus decisiones.
- Compromiso a perseverar en el liderazgo.
- Marcar simbólicamente tu territorio.

Cómo dirigir a los sistemas humanos para salir de la ansiedad

Los líderes eficaces de sistemas humanos:

- asumen su responsabilidad personal para convertirse en líderes resistentes a la ansiedad
- esperan enfrentarse a implacable resistencia, oposición y sabotaje.
- se someten completamente a Dios
- intentan moldear la mentalidad de su sistema humano con fe, esperanza y amor
- se convierten en «pararrayos» – su «toma de tierra» es Jesús y pueden así absorber la ansiedad del sistema.

El dilema del liderazgo

Los líderes auténticos, sanos y conectados son la única esperanza para resolver la ansiedad en cualquier sistema humano. Pero los sistemas humanos con ansiedad crónica siempre intentarán eliminar a los líderes saludables del sistema antes de que se resuelva la ansiedad.

Pausa para la Reflexión

Queremos enfatizar que puedes superar la ansiedad en tu sistema humano. Todos los sistemas humanos sufrirán ansiedad de vez en cuando, no podemos evitarlo. Pero no tenemos que ser víctimas.

¿Has identificado ansiedad en los diferentes sistemas humanos a los que perteneces? ¿Cuál ha sido su impacto?

¿Cómo has intentado manejar y resolver la ansiedad en el pasado? ¿Cuánto éxito has tenido?

Identifica una manifestación de ansiedad en tu sistema humano. ¿Cómo intentarás resolver esta ansiedad en base a lo que has aprendido en esta sesión?

PONLO EN PRÁCTICA

¿Cuál fue el resultado de tu(s) acción(es) de la sesión previa?

¿Cómo aplicarás esta semana lo que has aprendido?

Orar por toda ansiedad presente en los sistemas humanos del grupo. Pedir específicamente que cada uno tenga la sabiduría para superar esta ansiedad en su sistema humano.

Reflexiona sobre tu propia experiencia de liderazgo utilizando el cronograma en la página 16:

- Recuerda períodos en los que has experimentado ansiedad. ¿Qué más sucedía a tu alrededor? ¿Cómo afectó esto a tu liderazgo?
- ¿Cómo has visto surgir la ansiedad grupal en tu contexto de liderazgo?

Te animaremos a hacer los *Pasos hacia la Libertad para Líderes* al final de este curso. Pero si quieres examinar tu identidad como líder más de cerca, revisa el Paso cuatro (en las páginas 135 -139).

SESIÓN 8:

Cómo construir y mantener la confianza

BIENVENIDA

¿Qué cualidad indispensable buscas en un amigo?

ADORACIÓN

Lee el Salmo 37: 25–28.

Agradécele a Dios por tus hijos físicos o espirituales y la promesa de que ellos serán una bendición.

PALABRA

Leer

Lee 1 Corintios 4: 1–5 y 2 Corintios 3: 1–6.

Lee los pasajes nuevamente y observa todas las referencias a «recomendar». Luego observa las referencias a «juzgar». Finalmente, observa las referencias a ser «capaz» o «competente».

¿Qué te llama la atención?

Entender

- ¿Quién escribió estos pasajes?
- ¿A quién se escribieron estos pasajes?
- ¿Por qué se escribieron estos pasajes / cartas?

Discernir

- ¿Qué es un «administrador»? ¿Qué relación hay entre ser un «administrador» y un «servidor»?
- ¿Cuáles son los misterios de Dios a los que se refiere Pablo?
- ¿Qué quiere decir Pablo con la palabra «juzgar»?
- Según Pablo, ¿quién es y quién no es el responsable de «juzgar»? ¿Por qué Pablo ni siquiera se juzga a sí mismo?
- ¿Qué significa ser «capaz» o «competente»? ¿Quién nos ha capacitado? ¿Esto sólo se aplica a nuestro «ministerio» o se aplica a nuestra vida en general?
- ¿Cómo mata la «letra»? ¿Cómo da vida el Espíritu?

Aplicar

- Como líder, ¿cuál es el don de Dios que hay en ti?
- ¿Cuál es la relación entre ser «digno de confianza» y la confianza?
- ¿Cuál es la base de nuestra recomendación como líderes?
- ¿Cuál puede ser la relación entre nuestra recomendación como líderes y el ser dignos de confianza como líderes?
- «La letra mata, pero el Espíritu da vida». ¿Cómo se aplica esto a nuestro liderazgo?
- A la luz de este pasaje, ¿qué puedes esperar como líder, tanto positiva como negativamente?

Comprometerse

- ¿Acaso afectará este pasaje tu tendencia a juzgarte a ti mismo y a tu liderazgo (así como el liderazgo de los demás)?

MIRA EL VÍDEO

Confianza

Que todos nos consideren servidores de Cristo, encargados de administrar los misterios de Dios. Ahora bien, a los que reciben un encargo se les exige que demuestren ser dignos de confianza.

1 Corintios 4: 1–2

Pausa para la Reflexión

En el fondo sabemos que la confianza es importante, pero quizás no sabemos apreciar lo importante que es la confianza para nuestra eficacia como líderes y para la salud de nuestro sistema humano.

¿A qué persona le tienes la mayor confianza? ¿Por qué?
¿Te consideras digno de confianza como líder? ¿Por qué o por qué no?
¿Cómo definirías la «confianza»?

Indicadores de un sistema humano con bajo nivel de confianza

Ambiente de sospecha

- Datos manipulados o distorsionados
- Creatividad con la verdad
- Negar/retener información
- Culpa, crítica, acusación
- Secretos y reuniones secretas.

Ambiente de ansiedad

- Negarse a tomar riesgos
- Encubrir los errores
- Ofrecer de más y cumplir de menos.

Ambiente de tensión y fricción

- Prioridad en obtener reconocimiento personal
- Resistencia a nuevas ideas y al cambio
- Expectativas poco realistas.

Indicadores de un sistema humano de alto nivel de confianza

Ambiente de apertura

- La información se comparte abiertamente.
- Se tolera y anima a cometer errores.
- Se demuestra autenticidad y vulnerabilidad
- Se rinde cuentas

Ambiente de honor

- Prioridad en los demás en lugar de uno mismo
- Reconocimiento compartido
- Honestidad
- Lealtad a quienes están ausente
- Colaboración y cooperación.

Ambiente de creatividad

- Energía y vitalidad.
- Ansiedad reducida
- Mejor trabajo en equipo
- Mayor innovación y mejor ejecución
- Mejor comunicación.

El ambiente de confianza que Dios crea

Una de las cosas más importantes que puedes hacer como líder es asegurarte de haber comprendido en profundidad la gracia de Dios.
Entonces te acercarás a tu gente de la misma manera que Dios se acerca a ti.

Dios:
1. Nos da una gran comisión y los medios para llevarla a cabo
2. Confía en que haremos lo que él nos ha llamado a hacer
3. Nos da la libertad de fallar
4. Nos disciplina en amor
5. Siempre está disponible
6. Extiende lealtad inquebrantable incluso cuando le somos desleales
7. Es lento para la ira y abunda en amor constante. (Salmo 103:8)

Cómo construir la confianza

Toda confianza fluye de dos dinámicas: el ser y el hacer.

El ser (el carácter)	El hacer (la capacidad)
Integridad	Habilidades
Motivación	Destrezas
Intención	Historial tangible

Confiar: poner tu confianza en el ser y el hacer de otro.

La ecuación de la confianza

Si la gente siente que tu carácter (el ser) es correcto y que eres capaz (el hacer), confiarán en ti.

$$CS + CH = C$$

Calidad del ser + calidad del hacer = cantidad de confianza

Cómo construir la confianza según el apóstol Pablo

¿Acaso comenzamos otra vez a recomendarnos a nosotros mismos? ¿O acaso tenemos que presentaros o pediros a vosotros cartas de recomendación, como hacen algunos? Vosotros mismos sois nuestra carta, escrita en nuestro corazón, conocida y leída por todos. Es evidente que vosotros sois una carta de Cristo, expedida por nosotros, escrita no con tinta, sino con el Espíritu del Dios viviente; no en tablas de piedra, sino en tablas de carne, en los corazones.

2 Corintios 3: 1–3

Esta es la confianza que delante de Dios tenemos por medio de Cristo. No es que nos consideremos competentes en nosotros mismos. Nuestra capacidad viene de Dios. Él nos ha capacitado para ser servidores de un nuevo pacto, no el de la letra, sino el del Espíritu; porque la letra mata, pero el Espíritu da vida.

2 Corintios 3: 4–5

Por tanto, como sabemos lo que es temer al Señor, tratamos de persuadir a todos, aunque para Dios es evidente lo que somos, y espero que también lo sea para vuestra conciencia. No buscamos el recomendarnos otra vez a vosotros, sino que os damos una oportunidad de sentiros orgullosos de nosotros, para que tengáis con qué responder a los que se dejan llevar por las apariencias y no por lo que hay dentro del corazón.

2 Corintios 5: 11–12

Comportamientos del ser (el carácter) que crean confianza

Habla la verdad en amor

Más bien, al vivir la verdad con amor, creceremos hasta ser en todo como aquel que es la cabeza, es decir, Cristo. Por su acción todo el cuerpo crece y se edifica en amor, sostenido y ajustado por todos los ligamentos, según la actividad propia de cada miembro.

Efesios 4: 15–16

Muestra respeto y honor

Pagad a cada uno lo que le corresponda: si debéis impuestos, pagad los impuestos; si debéis contribuciones, pagad las contribuciones; al que debáis respeto, mostradle respeto; al que debáis honor, rendidle honor.

Romanos 13: 7

Modela la transparencia

Sobre todo, hermanos míos, no juréis ni por el cielo ni por la tierra ni por ninguna otra cosa. Que vuestro «sí» sea «sí», y vuestro «no», «no», para que no seáis condenados.

Santiago 5:12

Corrige los errores u ofensas

Por lo tanto, si estás presentando tu ofrenda en el altar y allí recuerdas que tu hermano tiene algo contra ti, deja tu ofrenda allí delante del altar. Ve primero y reconcíliate con tu hermano; luego vuelve y presenta tu ofrenda.

»Si tu adversario te va a denunciar, llega a un acuerdo con él lo más pronto posible. Hazlo mientras estéis de camino al juzgado, no sea que te entregue al juez, y el juez al guardia, y te echen en la cárcel.

Mateo 5: 23-25

Muestra lealtad

Son muchos los que proclaman su lealtad, ¿pero quién puede hallar a alguien digno de confianza?

Proverbios 20: 6

Presta atención a los demás.

Cada uno debe velar no solo por sus propios intereses, sino también por los intereses de los demás.

Filipenses 2: 4

Ejerce el dominio propio

No hace bien comer mucha miel,
ni es honroso buscar la propia gloria.

Como ciudad sin defensa y sin murallas
es quien no sabe dominarse.

Proverbios 25: 27–28

Expresa gratitud

Tampoco debe haber palabras indecentes, conversaciones necias ni chistes groseros, todo lo cual está fuera de lugar; haya más bien acción de gracias.

Efesios 5: 4

Extiende gracia

Más bien, sed bondadosos y compasivos unos con otros, y perdonaos mutuamente, así como Dios os perdonó en Cristo.

Efesios 4:32

Comportamientos del hacer (la capacidad) que crean confianza

Proporciona resultados — no inventes excusas

Mantened entre los incrédulos una conducta tan ejemplar que, aunque os acusen de hacer el mal, ellos observen vuestras buenas obras y glorifiquen a Dios en el día de la salvación.

1 Pedro 2:12

Supérate : perfecciona tus destrezas continuamente

Instruye al sabio, y se hará más sabio;
  enseña al justo, y aumentará su saber.

Proverbios 9: 9

Enfréntate a la realidad

Cuando Samuel llegó, Saúl le dijo:
—¡Que el Señor te bendiga! He cumplido las instrucciones del Señor.
—Y entonces, ¿qué significan esos balidos de oveja que me parece oír? —le reclamó Samuel—. ¿Y cómo es que oigo mugidos de vaca?
—Son las que nuestras tropas trajeron del país de Amalec —respondió Saúl—. Dejaron con vida a las mejores ovejas y vacas para ofrecerlas al Señor tu Dios, pero todo lo demás lo destruimos.

1 Samuel 15: 13–15

Deja claras las expectativas

Así que me pareció necesario rogar a estos hermanos que se adelantaran a visitaros y completaran los preparativos para esa generosa colecta que habíais prometido. Entonces estará lista como una ofrenda generosa, y no como una tacañería. Recordad esto: El que siembra escasamente, escasamente cosechará, y el que siembra en abundancia, en abundancia cosechará. Cada uno debe dar según lo que haya decidido en su corazón, no de mala gana ni por obligación, porque Dios ama al que da con alegría.

2 Corintios 9: 5–7

Rinde cuentas regularmente

Así que cada uno de nosotros tendrá que dar cuentas de sí a Dios.

Romanos 14:12

Escucha activamente

Mis queridos hermanos, tened presente esto: Todos debéis estar listos para escuchar, y ser lentos para hablar y para enojaros; pues la ira humana no produce la vida justa que Dios quiere.

Santiago 1: 19–20

Cumple con tu palabra

¿Quién, Señor, puede habitar en tu santuario? ¿Quién puede vivir en tu santo monte?
... [el] que cumple lo prometido aunque salga perjudicado...

Salmo 15: 1 y 4b

Confía en los demás

También algunos guerreros de las tribus de Benjamín y de Judá se unieron a David en la fortaleza. David salió a su encuentro y les dijo:
—Si venís en son de paz y para ayudarme, os aceptaré; pero, si venís para entregarme a mis enemigos, ¡que el Dios de nuestros padres lo vea y lo castigue, pues yo no soy ningún criminal!
Y el Espíritu vino sobre Amasay, jefe de los treinta, y este exclamó:
«¡Somos tuyos, David! ¡Estamos contigo, hijo de Isaí!
¡Tres veces deseamos la paz a ti y a quien te brinde su ayuda!
¡Y quien te ayuda es tu Dios!»
David los recibió y los puso entre los jefes de la tropa

1 Crónicas 12: 16-18

Suple las necesidades de tus seguidores.

En aquellos días, al aumentar el número de los discípulos, se quejaron los judíos de habla griega contra los de habla aramea de que sus viudas eran desatendidas en la distribución diaria de los alimentos. Así que los doce reunieron a toda la comunidad de discípulos y les dijeron: «No está bien que nosotros, los apóstoles, descuidemos el ministerio de la palabra de Dios para servir las mesas. Hermanos, escoged de entre vosotros a siete hombres de buena reputación, llenos del Espíritu y de sabiduría, para encargarles esta responsabilidad. Así nosotros nos dedicaremos de lleno a la oración y al ministerio de la palabra».

Esta propuesta agradó a toda la asamblea. Escogieron a Esteban, hombre lleno de fe y del Espíritu Santo, y a Felipe, a Prócoro, a Nicanor, a Timón, a Parmenas y a Nicolás, un prosélito de Antioquía. Los presentaron a los apóstoles, quienes oraron y les impusieron las manos.

Hechos 6: 1–6

Cómo se pierde y se recupera la confianza

Toma tiempo crear confianza, pero puedes perderla en un instante.

La forma más rápida de destruir la confianza es que tu comportamiento haga que las personas duden de tu ser – de tu integridad, de tu buena voluntad. Eso sucederá si violas un comportamiento del ser que crea confianza.

La forma más rápida de aumentar la confianza es a través de tu hacer: tus acciones, tus habilidades, tu competencia.

Para reconstruir la confianza debes:

- Dejar de violar los comportamientos del ser que crean confianza
- Intencionalmente llevar a cabo comportamientos del hacer que crean confianza.

El dilema del liderazgo

Los sistemas humanos no pueden funcionar sin confianza. Pero son cada vez más propensos a la ansiedad, la cual degrada la confianza. Cada vez con mayor frecuencia, la sociedad misma es un entorno de bajo nivel de confianza, con personas que buscan destruir la confianza en los líderes. El resultado final es un pesimismo corrosivo hacia los líderes y los sistemas humanos.

Pausa para la Reflexión
Esperemos que esta sesión te haya ayudado a entender cómo incrementar la confianza en ti como líder.

¿Qué efectos negativos de la desconfianza en una persona o en un sistema humano has experimentado?
¿Qué beneficios de la confianza has experimentado?
De acuerdo con lo que aprendiste en esta sesión, ¿hay una o dos cosas que puedes hacer para mejorar tu capacidad y credibilidad como líder para que la gente confíe más en ti?

PONLO EN PRÁCTICA

¿Cuál fue el resultado de tu(s) acción(es) de la sesión previa?

¿Cómo aplicarás esta semana lo que has aprendido?

Orar unos por otros, en especial por los comportamientos que crean confianza que cada uno desea adoptar o mejorar en su liderazgo.

SESIÓN 9:

Cómo superar las trampas personales

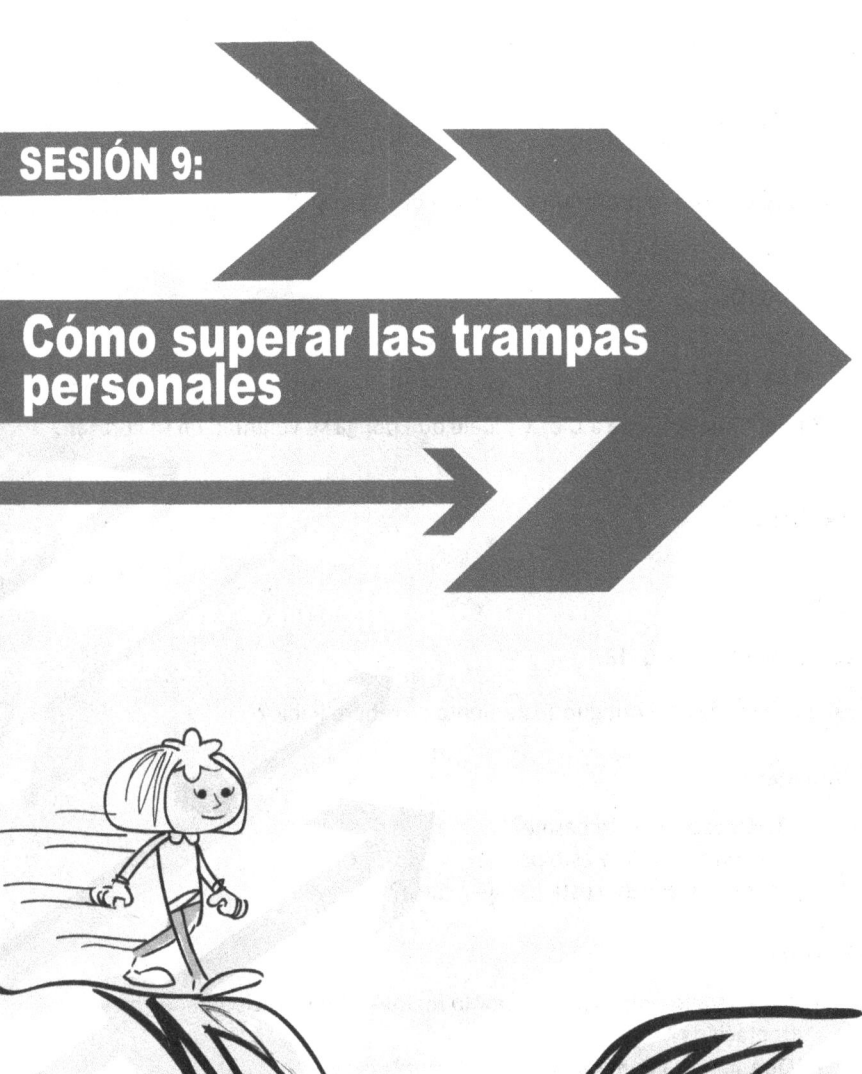

BIENVENIDA

¿Por qué elegiste tu profesión o posición de liderazgo?

ADORACIÓN

Lee el Salmo 37: 29–31.

Ríndete nuevamente a Dios y pídele que ponga su voluntad en tu corazón.

PALABRA

Leer

Lee 1 Corintios 10: 6–13.

¿A qué historias del Antiguo Testamento se refiere Pablo?

Entender

- ¿Quién escribió este pasaje?
- ¿A quién se escribió este pasaje?
- ¿Por qué se escribió este pasaje / carta?

Discernir

- ¿Qué significa «apasionarse por lo malo»? ¿Qué relación tiene con la «tentación»?
- ¿Qué significa poner a prueba al Señor?
- ¿Por qué Pablo da la advertencia del versículo 12? ¿Qué significa?
- ¿Qué promesas hay en el versículo 13?

Aplicar

- ¿Cuáles pueden ser los «ídolos» comunes de los líderes?
- ¿Cuándo solemos «murmurar» como líderes? ¿Qué efecto tiene esto en nuestro liderazgo?
- ¿Cómo te sientes al saber que no enfrentarás una tentación fuera de lo común (versículo 13)?
- ¿Por qué sugiere Pablo que tenemos que «resistir» la tentación (versículo 13)

- ¿Cuál es la «salida»? ¿Cuándo es más fácil salir de la tentación?

Comprometerse
- ¿Qué tentaciones has podido resistir o superar como líder? ¿Cómo has visto la fidelidad de Dios en esto?
- ¿Qué «ejemplo» (versículo 11) de este pasaje aplicarás a tu liderazgo?

MIRA EL VÍDEO

Pausa para la Reflexión
Recuerda: experimentar luchas y dificultades como líder no significa que no eres un buen líder.

¿Cuáles son los mayores desafíos personales que enfrentas como líder?
¿Cuáles son las mayores tentaciones personales que enfrentas como líder?

Tipos de trampas personales de liderazgo

Trampas: peligros o dificultades ocultos o inesperados.

1. La tentación
2. El egocentrismo
3. Emociones
4. De comunicación
5. El agotamiento.

Trampa 1 — La tentación

La tentación: fuerte incitación a obtener significado, seguridad y aceptación fuera de Dios.

Dinero — incluye todos los recursos financieros y materiales que Dios ha provisto
- Mala administración del dinero personal y de la organización: deudas, pagos, diezmos y ofrendas.
- Actitudes sobre el dinero: avaricia, codicia, envidia.

Sexo
- Pensamientos incorrectos: fantasías, soñar despierto, lujuria.
- Acciones incorrectas: pornografía, inmoralidad, adulterio.
- Situaciones incorrectas: reuniones privadas sin código de buenas prácticas

Poder
- Anhelo de control, posición, títulos, respeto.
- Manipulación y autoritarismo.

Cómo evitar la trampa de la tentación
- Dirige desde tu identidad en Cristo: eres importante, seguro y aceptado.
- Guarda tu corazón y tu mente.
- Tome la salida.

1 Corintios 10:13 promete una salida de cada tentación. ¿Dónde está? Justo al comienzo del proceso, apenas la idea tentadora llega a tu mente.

Pablo dice en Romanos 6 que el pecado ha perdido su poder en tu vida si eres cristiano. Esa es la verdad, sea que lo sientas así o no.

Trampa 2 – El egocentrismo

El egocentrismo : es pensar en el liderazgo desde una perspectiva centrada en ti mismo

Mesías : creer que eres el salvador de tu sistema o situación

- Arrogancia
- Orgullo
- Ambición egoísta
- Manipulación.

La trampa mesiánica surge de buscar significado en el liderazgo y no en Jesús.

Mártir : pensar que tu sistema requiere tu sufrimiento o sacrificio para lograr buenos resultados

- Control
- Manipulación mediante la vergüenza o la culpa.
- Evitación.

La trampa de mártir surge de buscar aceptación en el liderazgo y no en Jesús.

Ermitaño : sentirse abrumado por el estrés, los conflictos, los problemas o las responsabilidades

- Refugiarse
- Enfoque estrecho
- Ignorar a las personas
- Negar la realidad
- Pasividad y conformidad
- Cobardía

La trampa de ermitaño surge de buscar seguridad en el liderazgo y no en Jesús.

Trampa 3 – Las emociones

Las emociones: dejarse llevar o no controlar emociones fuertes y negativas.

Amargura – falta de perdón
- Problemas físicos como úlceras.
- Relaciones obstruidas y destruidas
- Malicia
- Odio.

Ira — tener bloqueada una meta
- Resentimiento
- Frustración
- Impaciencia
- Irritabilidad
- Rabia.

Estar a la defensiva : intentar protegerse y justificarse, ofenderse fácilmente.
- Hipersensible
- Susceptible
- Difícil
- Excesivamente emotivo.

Los líderes cristianos nunca necesitan defenderse. Si te equivocas, no tienes defensa. Si tienes la razón, no necesitas una defensa porque Dios mismo te defenderá.

Trampa 4 – La comunicación

La comunicación : no reconocer aspectos normales de la comunicación que pueden ser interpretados como ataque o rebelión.
- La comunicación involucra emociones y no es sólo un proceso intelectual
- Toma en cuenta los efectos de la distancia.
- Comportamientos como la crítica y el rescatar suelen indicar una búsqueda de entablar comunicación, pero tienden a alejar a la persona.

Cómo evitar la trampa de la comunicación
- Introduce humor en la comunicación.
- Utiliza la comunicación «cercana» —cara a cara es mejor— para asuntos difíciles

- Permite que te «encuentren» quienes buscan entablar comunicación contigo:
    - Para tu actividad y mantente abierto emocionalmente
    - Escucha activamente
    - No lo tomes como rebelión o ataque personal.

Trampa 5 —El agotamiento

El agotamiento : no descansar ni tomar el tiempo para recargar nuestras «baterías» espirituales, emocionales, y relacionales.

Explosión: caer en un pecado grave debido a agotamiento físico, emocional, mental, y espiritual

- Inmoralidad sexual
- Síndrome de exceso
- Enfermedad repentina o problemas graves de salud.

Quiebra: llegar al punto de haber agotado todos nuestros recursos espirituales, mentales y emocionales y nuestra capacidad de visión

- Pérdida de creatividad.
- Pérdida de vitalidad
- Repetir ideas, mensajes y enseñanzas.

Burnout : agotamiento físico, emocional, mental y espiritual de larga duración. Sentirse:

- Abrumado
- Impotente
- Desesperado
- Cínico
- Resentido.

Cómo evitar la trampa del agotamiento

> Permaneced en mí, y yo permaneceré en vosotros. Así como ninguna rama puede dar fruto por sí misma, sino que tiene que permanecer en la vid, así tampoco vosotros podéis dar fruto si no permanecéis en mí.
>
> Juan 15: 4

- Nos cansamos porque queremos dar fruto.
- Jesús quiere que demos fruto aún más que nosotros.
- Su mandato, sin embargo, no fue dar fruto sino permanecer en él.
- Sólo daremos fruto si estamos conectados a Jesús, trabajando desde un lugar de descanso interno.

> Por consiguiente, queda todavía un reposo especial para el pueblo de Dios; porque el que entra en el reposo de Dios descansa también de sus obras, así como Dios descansó de las suyas. Esforcémonos, pues, por entrar en ese reposo, para que nadie caiga al seguir aquel ejemplo de desobediencia.
>
> Hebreos 4: 9–11

- Prioriza la oración y la lectura de la Biblia.
- Tómate el tiempo para buscar a Dios y su voluntad para tu vida.
- Descansa.

Cómo evitar las trampas personales

- Haz los Pasos para la libertad en Cristo regularmente (página 26).
- Practica el rendir cuentas, la vulnerabilidad, la honestidad, la humildad.
- Practica el aprendizaje constante: toma retiros, lee, escucha enseñanzas.
- Recuerda cuán dañinas son las trampas, personalmente y para tu liderazgo.

> Más bien, revestíos del Señor Jesucristo, y no os preocupéis por satisfacer los deseos de la naturaleza pecaminosa.
>
> Romanos 13:1

Pausa para la Reflexión
Esta Pausa para la Reflexión promueve la vulnerabilidad unos con otros.

¿En cuál «trampa» has caído?
¿Qué pasos tomarás para salir de ella?
¿En cuál «trampa» eres propenso a caer en este momento?
¿Qué pasos tomarás para evitarla?

El dilema del liderazgo

Tenemos todo lo que necesitamos en Cristo para evitar estas trampas, sin embargo, si no tenemos mucho cuidado, seguiremos cayendo en ellas.

> **¡RECORDATORIO!**
> **Temas clave para el crecimiento personal como líderes**
> 1. Conoce quién eres en Cristo.
> 2. Cierra toda puerta que hayas abierto al enemigo en el pasado mediante el pecado y no abras ninguna más.
> 3. Renueva tu mente con la verdad de la Palabra de Dios (y así serás transformado).
> 4. Trabaja desde un lugar de descanso.

PONLO EN PRÁCTICA

¿Cuál fue el resultado de tu(s) acción(es) de la sesión previa?

¿Cómo aplicarás esta semana lo que has aprendido?

Orar unos por otros por las trampas personales que cada uno pueda estar enfrentando.

Te animaremos a hacer los Pasos hacia la Libertad para Líderes al terminar este curso. Pero si esta sesión te ha impulsado a examinar el área de trampas personales, lee los Pasos 5 y 6 (páginas 139 -154).

Palabras de un líder mayor a un líder más joven

Así que tú, hijo mío, fortalécete por la gracia que tenemos en Cristo Jesús. Lo que me has oído decir en presencia de muchos testigos, encomiéndalo a creyentes dignos de confianza, que a su vez estén capacitados para enseñar a otros. Comparte nuestros sufrimientos, como buen soldado de Cristo Jesús. Ningún soldado que quiera agradar a su superior se enreda en cuestiones civiles. Así mismo, el atleta no recibe la corona de vencedor si no compite según el reglamento. El labrador que trabaja duro tiene derecho a recibir primero parte de la cosecha. Reflexiona en lo que te digo, y el Señor te dará una mayor comprensión de todo esto.

2 Timoteo 2: 1–7

SESIÓN 10:

Cómo superar las trampas grupales

BIENVENIDA

¿Con qué personaje famoso te gustaría compartir una comida? ¿Qué sería lo primero que te gustaría preguntarle?

ADORACIÓN

Lee el Salmo 37: 32–36.
Ríndele a Dios toda situación o relación difícil a la que te enfrentas, pidiéndole su liberación.
Agradécele porque él no te abandonará, él será tu defensor.

PALABRA

Leer

Lee Corintios 2: 1–11.
Lee el pasaje nuevamente. Toma nota de todas las palabras relacionadas con «tristeza». ¿Qué te llama la atención?

Entender

- ¿Quién escribió este pasaje?
- ¿Para quién se escribió este pasaje?
- ¿Por qué se escribió este pasaje / carta?

Discernir

- Según Pablo, ¿quién o qué ha causado la tristeza?
- ¿Cuál es la conexión entre la tristeza y el amor en el versículo 4?
- De acuerdo con este pasaje, ¿cómo respondemos los cristianos a la tristeza y a quienes nos causan tristeza?

Aplicar

- ¿Qué papel juega la «tristeza» en el liderazgo?
- ¿Cómo y cuándo es posible que los líderes causen tristeza a los demás?
- ¿Cómo podría Satanás aprovecharse de nosotros si no respondemos apropiadamente a la tristeza?
- ¿Cuáles son las «artimañas» de Satanás que podrían surgir en situaciones dolorosas?

- Según este pasaje, ¿cuáles pueden ser las consecuencias del comportamiento pecaminoso en un sistema humano?
- ¿Por qué el perdón es tan importante para Pablo en este pasaje?
- A la luz de este pasaje, ¿qué puedes esperar como líder, tanto positiva como negativamente?

Comprometerse

En tu liderazgo, ¿cuándo has experimentado dolor? ¿Cuándo es posible que hayas causado dolor? ¿Cómo respondiste? ¿Responderías de manera distinta ahora?

¿Has visto las artimañas de Satanás en las situaciones dolorosas que has enfrentado? ¿Qué estrategias puedes emplear para superar esas artimañas?

MIRA EL VÍDEO

Las trampas grupales

Las trampas grupales : un conjunto de reacciones predecibles (pero no inevitables) dentro de tu sistema humano en respuesta a **un** liderazgo **eficaz**.

- El liderazgo eficaz siempre desencadenará una serie de reacciones.
- ¡Estas reacciones indican que nuestro liderazgo es eficaz!
- La trampa no es la reacción en sí, sino la posibilidad de que respondamos mal ante ella.

Dilemas, no problemas

Problemas: asuntos que se pueden resolver y solucionar.

Dilemas: asuntos que por su naturaleza no se pueden resolver, sólo gestionar.

Las trampas grupales son *dilemas* y requieren tiempo y esfuerzo para superarlas.

Cuatro trampas grupales comunes

1. El egoísmo
2. El sabotaje
3. La contienda
4. El sufrimiento.

El egoísmo

El egoísmo: atención inapropiada en uno mismo.

Síntomas del egoísmo:

- egocentrismo
- oportunismo
- creerse la medida de todas las cosas
- Inmadurez: falta de voluntad o incapacidad para asumir la responsabilidad de la propia mente, voluntad y emociones. A menudo se confunde con rebelión.

Para ayudar a tu sistema humano a evitar la trampa del egoísmo:

- Modela una generosidad sana
- Promueva la madurez siendo maduro: asuma tu responsabilidad
- Enfócate en las personas sanas y maduras del sistema sin rendirte al egoísmo

El sabotaje

El sabotaje: intentar destruir, dañar, entorpecer u obstaculizar a los líderes o el cambio que intentan implementar.

Origen del sabotaje:

- Ventaja personal o política
- Cambios en las relaciones y celos.
- Actitudes carnales
- Orgullo
- Maquinación demoníaca

El sabotaje se suele manifestar de estas maneras:

- Propagar el malestar
- Magnificar la pérdida potencial de hacer algo
- Tergiversar una decisión o lo dicho por el líder
- Comportamiento pasivo-agresivo
- Cambiar de opinión después de que el grupo ha tomado una decisión
- Añadir condiciones a un acuerdo tarde en las negociaciones o incluso después de completadas las negociaciones
- Acordar en público pero socavarlo en privado
- Difundir chismes y rumores
- Acoso e intimidación.

Para ayudar a tu sistema humano a evitar la trampa del sabotaje:

- Responde con calma, pacífica e intencionalmente.
- Enfócate en promover personas y procesos saludables.

La contienda

La contienda: fricción y conflicto en el sistema humano; problemas en las relaciones interpersonales.

Síntomas de la contienda:

- Reactividad
- Discusiones
- Choques de voluntad
- Crítica
- Ataques personales.

Es ineficaz al enfrentarte a la contienda:

- Explicar o justificar tu posición.
- Defenderte
- Retirarte del conflicto y negarte a participar
- Culpar
- Aplacar o apaciguar
- Negociar.

Para ayudar a tu sistema humano a evitar la trampa de la contienda:

- Asegúrate de estar fundamentado en Jesucristo
- Anima a las personas a resolver la contienda con amor, misericordia y gracia.
- Modela respuestas apropiadas a la contienda.

El sufrimiento

El sufrimiento : experimentar algo que percibes como negativo o desagradable.

> Tu disposición y habilidad de aceptar el sufrimiento determinará la disposición y capacidad del sistema humano que lideras a aceptar el sufrimiento.

Cómo superar las trampas grupales

- Lidera desde tu identidad
- Renueva tu perspectiva
- Recibe el conflicto como algo normal y saludable para el crecimiento
- Acepta el sufrimiento
- Resiste las distorsiones y expectativas idealistas.

> **Pausa para la Reflexión**
>
> La mayoría de la gente tiende a asumir que enfrentamos trampas grupales porque no estamos liderando bien en lugar de se dan gracias a un liderazgo eficaz.
>
> ¿Te sorprende saber que las trampas grupales son el resultado de un liderazgo sano? ¿Por qué o por qué no?
> ¿Qué trampas grupales has visto o experimentado personalmente?
> ¿Cuál ha sido su efecto en el sistema humano?
> ¿Alguna vez has saboteado algo? ¿Qué hubiera sido una respuesta más saludable?

Ilusiones del liderazgo

Ilusión: una creencia o impresión falsa que mantenemos incluso cuando contradice la realidad.

Cuatro ilusiones del liderazgo

1. Experiencia
2. Empatía
3. Unión
4. Posición.

La ilusión de la experiencia

La ilusión de la experiencia : una falsa creencia de que los conocimientos o las técnicas adecuados nos convertirán en líderes eficaces.

La ilusión de la empatía

La ilusión de la empatía : una creencia falsa de que la comprensión y la sensibilidad bastan para convertirnos en líderes eficaces. También mantiene que podemos superar el comportamiento inapropiado, malsano o destructivo con la razón, la imparcialidad y la sensibilidad.

La ilusión de la unión

La ilusión de la unión: una falsa creencia de que promover o mantener el consenso nos convertirá en líderes eficaces.

La unión a veces se confunde con la unidad.

La ilusión de la posición

La ilusión de la posición : una falsa creencia de que la posición, el título o el poder nos convertirá en líderes eficaces.

Cómo disipar las ilusiones
- Saca a la luz el pensamiento defectuoso asociado con estas ilusiones.
- Lidera desde tu identidad en Cristo.
- No te aferres a nada, excepto a Jesús.

Pausa para la Reflexión

Al pensar en las ilusiones del liderazgo, es fácil quedar atrapados en una mentalidad de blanco y negro. O la experiencia y la empatía son buenas o son malas. Sin embargo, no hay nada malo con la experiencia, la empatía, algo de unión o tener una posición de liderazgo. La ilusión es de que cualquiera de estas cosas, independientemente de lo demás, nos vayan a ayudar a liderar de manera más eficaz. En otras palabras, éstas no son estrategias de liderazgo.

¿A qué ilusión has sucumbido en el pasado?

¿Qué pasos tomarás para disipar esa ilusión?

¿Has visto a otros atrapados en una o más de las ilusiones del liderazgo?

El dilema del liderazgo

Llamamos a estos dilemas «trampas grupales», pero es nuestro *ser* y *hacer* como líderes lo que determinará más que cualquier otra cosa si nuestro sistema humano cae en ellas.

Por eso te recomiendo que avives la llama del don de Dios que recibiste cuando te impuse las manos. Pues Dios no nos ha dado un espíritu de timidez [o cobardía], sino de poder, de amor y de dominio propio.

2 Timoteo 1: 6–7

PONLO EN PRÁCTICA

¿Cuál fue el resultado de tu(s) acción(es) de la sesión previa?

¿Cómo aplicarás esta semana lo que has aprendido?

Orar unos por otros para tener el coraje de responder a cualquier trampa grupal de forma sana y responsable.

Bendecirse unos a otros en sus roles y responsabilidades de liderazgo.

Paso 7 Introducción

Liderazgo transformador

Estas notas acompañan la introducción al Paso Siete de *los Pasos hacia la Libertad para Líderes*.

> Ahora me alegro en medio de mis sufrimientos por vosotros, y voy completando en mí mismo lo que falta de las aflicciones de Cristo, en favor de su cuerpo, que es la iglesia. De esta llegué a ser servidor según el plan que Dios me encomendó para vosotros: el dar cumplimiento a la palabra de Dios, 26 anunciando el misterio que se ha mantenido oculto por siglos y generaciones, pero que ahora se ha manifestado a sus santos. A estos Dios se propuso darles a conocer cuál es la gloriosa riqueza de este misterio entre las naciones, que es Cristo en vosotros, la esperanza de gloria.
>
> A este Cristo proclamamos, aconsejando y enseñando con toda sabiduría a todos los seres humanos, para presentarlos a todos perfectos en él. Con este fin trabajo y lucho fortalecido por el poder de Cristo que obra en mí.
>
> Colosenses 1: 24–29

MIRA EL VÍDEO

Porque Cristo está en nosotros

Podemos ser genuinos, podemos ser nosotros mismos como líderes

Tenemos la esperanza real de que

- Nuestro liderazgo traerá gloria a Dios.
- Nuestro liderazgo cambiará vidas.
- Nuestro liderazgo será un reflejo de Jesucristo al mundo.

Podemos desarrollar destrezas para impulsar nuestro crecimiento y eficacia

1. Conocernos a nosotros mismos

Debemos renunciar a intentar ser alguien o algo distinto a quienes somos.

2. Tener dominio propio

El dominio propio es la única forma bíblica de control.

3. Comunicar sobre nosotros mismos

> Sincerarse indica fortaleza: sólo una persona fuerte tendrá el coraje y la capacidad de hacerse vulnerable al compartir de sí mismo.

Podemos transformar nuestro liderazgo a través de:

1. El amor : un compromiso ferviente de entrega a los demás para su bien.

2. La fe: elegir confiar y actuar, a menudo más allá de nuestra capacidad natural, porque de verdad conocemos a Dios y cómo actúa. Se basa en la relación con Jesucristo en el poder del Espíritu Santo.

3. Aceptar la cruz:

- Renunciar a nuestra reputación y prestigio
- Permitir que las personas nos denigren y digan todo tipo de falsedad en nuestra contra
- Ser excluido y rechazado
- Renunciar a nuestras «armas de batalla»
- Aceptar el dolor del liderazgo.

4. Perseverancia y resistencia

- Perseverancia: mantenerse firme en algo a pesar de la dificultad o retraso
- Resistencia: sufrir un padecimiento sin dejarse vencer por él

> «El hombre que puede seguir avanzando una vez que el esfuerzo se vuelve doloroso es el hombre que ganará ». (Roger Bannister)

5. Perspectiva : nuestro punto de referencia, desde el cual vemos nuestra circunstancias.

Los Pasos hacia la libertad para líderes

Introducción

Los Pasos hacia la Libertad en Cristo de Neil T. Anderson es un recurso utilizado en todo el mundo para ayudar a los cristianos a resolver problemas personales y espirituales.

Basados en sus libros *Victoria sobre la oscuridad* y *Rompiendo las cadenas*, y fundamentados en la enseñanza del Curso de Discipulado de Libertad en Cristo, los «Pasos» se han convertido en una herramienta esencial de discipulado para muchas iglesias alrededor del mundo. Las iglesias usan los Pasos de varias maneras. En el modo grupal, la persona procesa los Pasos personalmente aunque lo hace conjuntamente con el grupo.

En el modo personal, la persona procesa los Pasos con el apoyo de un facilitador y un intercesor. En el modo individual, la persona procesa todos los Pasos o porciones de los Pasos como parte de su discipulado personal. Para muchas iglesias, los Pasos son una parte fundamental de su ministerio y sirven como puerta de entrada a la membresía o a la participación en un ministerio.

Los Pasos hacia la Libertad para Líderes es un recurso centrado en los asuntos personales y espirituales comunes a las personas en el liderazgo, ya sea liderazgo en el mercado (lugar de trabajo), liderazgo en la iglesia o liderazgo en el hogar y en la comunidad. Este recurso te permitirá identificar y resolver problemas personales y espirituales que pueden debilitar, socavar o incluso destruir tu liderazgo. En algunos casos, estos problemas se han entrelazado con nuestra comprensión del liderazgo hasta tal punto que no nos damos cuenta que lo que hacemos nos impide ser los líderes que Dios desea.

Cómo usar los Pasos para Líderes

Puedes usar *Los Pasos hacia la Libertad para Líderes* de igual manera que los Pasos originales: modo grupal; modo personal; y modo individual. Al igual que con los Pasos originales, creemos que lo mejor es usar *Los Pasos para Líderes* en el modo personal con el apoyo de un facilitador y un intercesor. Otra alternativa es que dos líderes se junten para procesar *Los Pasos para Líderes* juntos.

Independientemente de cómo elijas hacer *Los Pasos para Líderes*, es esencial que tomes el tiempo para reflexionar durante el proceso. Toma nota de todo lo que sientes que Dios te está mostrando sobre ti mismo y tu liderazgo. Puede que te vengan a la mente ideas y estrategias con respecto a tu contexto actual de liderazgo. Apúntalas inmediatamente para que no te distraigan de escuchar cómo Dios te llama a cambiar y crecer como líder.

Para sacar el máximo provecho de *Los Pasos hacia la Libertad para Líderes*, recomendamos lo siguiente:

- Tomar el Curso de Discipulado de Libertad en Cristo, leer *Victoria sobre la oscuridad* y *Rompiendo las cadenas* de Neil T. Anderson

- Hacer los Pasos hacia la Libertad en Cristo en una cita personal
- Familiarizarse con el ejercicio «La verdad sobre mi padre Dios» en el Paso 2 de los Pasos hacia la Libertad en Cristo
- Familiarizarse con el ejercicio «Demoledor de Bastiones» que se enseña en el Curso de Discipulado
- Integrar las verdades del curso en tu vida de manera regular
- Participar en el curso *Libres para Liderar* o leer el libro *Freed To Lead* de Rod Woods.

Además de lo anterior, también recomendamos *El Curso de la Gracia* de Libertad en Cristo, un curso que ayuda a la gente a superar problemas comunes relacionados a la gracia y el legalismo. Tal legalismo es uno de los factores más dañinos en la vida de un líder – piensa en los fariseos en tiempos de Jesús

Discipulado para líderes

Al igual que los Pasos originales, los *Pasos hacia la Libertad para Líderes* proporcionan varios recursos de discipulado que pueden usarse fuera del proceso de los pasos para que permanezcas libre en Cristo y sano como líder. Por ejemplo, te animamos a usar el Paso 2 (Perdón) regularmente para asegurarse de perdonar a quienes te hieren en el contexto de tu liderazgo. De este modo evitarás problemas de resentimiento y de amargura que han destruido o perjudicado a muchos líderes. Puedes usar el Paso 3 (Ansiedad y Reactividad) para que tu equipo aprenda a trabajar de manera más armoniosa y pueda superar la ansiedad frente al cambio que a menudo socava la creatividad de un equipo.

Al igual que con *Los Pasos hacia la Libertad en Cristo*, te recomendamos que programes hacer *los Pasos hacia la Libertad para Líderes* anualmente como medida de mantenimiento para tu liderazgo.

Independientemente de cómo hagas *Los Pasos hacia la Libertad para Líderes*, rogamos que Dios bendiga tu liderazgo ahí donde te ha llamado. Le pedimos que tu liderazgo dé alabanza y gloria a nuestro Señor y Salvador, Jesucristo.

Oración inicial y declaración

Antes de comenzar con la oración inicial y la declaración, toma algunos minutos y reflexiona sobre las siguientes preguntas (o discútelas con el facilitador de tu cita personal):

- ¿Qué líder ha ejercido la mayor influencia en tu vida?

- ¿Qué cualidades admiras en un líder?
- ¿Qué cualidades te molestan en un líder?
- ¿Qué cualidades de liderazgo de tus padres resaltan en tu memoria?
- ¿Te consideras un líder? ¿Por qué o por qué no?
- ¿Te consideras un buen líder? ¿Por qué o por qué no?
- ¿Qué talentos, habilidades, conocimientos y dones espirituales tienes que usas regularmente en tu liderazgo?
- ¿Qué cualidades del liderazgo de Jesús te gustaría desarrollar en tu propio liderazgo?
- ¿Cómo te gustaría que te recordasen como líder dentro de diez años?
- ¿Cuál es el mayor legado que te gustaría dejar como líder?

Puedes apuntar tus respuestas a estas preguntas para revisarlas cada vez que hagas *Los Pasos hacia la Libertad para Líderes*.

Oración inicial

Querido Padre Celestial, reconozco que eres el único Dios verdadero, que existes como Padre, Hijo y Espíritu Santo, y que eres mi único Señor.

Elijo someterme completamente a ti, para convertirme en el líder que tú diseñaste. Gracias por reconciliarme contigo por gracia mediante la fe en tu Hijo, Jesucristo. Padre de gloria y Dios de nuestro Señor Jesucristo, dame el Espíritu de sabiduría y de revelación para conocer a Jesús.

Ilumina los ojos de mi corazón, para conocer la esperanza a la que me has llamado y cuál es la riqueza de tu gloriosa herencia entre los santos.

Permíteme conocer la incomparable grandeza de tu poder a favor de los que creemos, mediante la fuerza grandiosa y eficaz que ejerciste en Cristo cuando lo resucitaste de entre los muertos y lo sentaste a tu derecha en las regiones celestiales. (Efesios 1: 16–20). Quiero conocer y elegir tu voluntad en el liderazgo al que me has llamado. Con ese fin, permito que tu Espíritu Santo y tu pueblo me guíen en este proceso.

Decido cooperar contigo para la gloria de mi Señor y Salvador, Jesucristo. Amén.

Declaración

En el nombre de Jesucristo, habiendo sido sellado por el Espíritu de Dios, declaro mi completame sumisión a Dios y resisto al diablo (Santiago 4: 7). Ordeno a Satanás y a todo espíritu maligno a soltarme y abandonar toda influencia sobre mí para que yo pueda conocer y hacer la voluntad de Dios. Exalto al Señor Jesucristo, quien murió en la cruz y resucitó corporalmente de entre los muertos; quien está sentado muy por encima de todo gobierno, autoridad, poder y dominio; cuyo nombre es sobre todo nombre, no sólo en este mundo sino también en el venidero. Este Jesús tiene dominio sobre todas las cosas y es la cabeza sobre todo para el beneficio de la Iglesia, que es su cuerpo y la plenitud de aquél que lo llena todo por completo, y de la cual yo soy parte (Efesios 1: 21–23). Declaro que yo, _____ (nombre), pertenezco a Cristo y el maligno no me puede tocar (1 Juan 5:18). Declaro que me rindo por completo — mis esperanzas, sueños y liderazgo — a Dios el Padre, a través de Jesucristo el Hijo, y en el poder del Espíritu Santo. Amén.

Paso uno: Asimila tu identidad en Cristo, no en el liderazgo

El propósito de este paso es ayudar a discernir las maneras en que has buscado tu sentido de identidad, importancia, seguridad o aceptación en roles de liderazgo, puestos y/o títulos en lugar de obtenerlos de Jesucristo.

En la medida en que busquemos nuestro sentido de importancia, seguridad, aceptación o identidad en nuestro liderazgo, éste se verá distorsionada o será disfuncional. En la medida en que obtengamos todo aquello en Jesús, descubriremos la libertad verdadera para liderar como la persona que Dios diseñó.

No eres libre para liderar si obtienes tu identidad de tu rol como líder, o si basas tu sentido de aceptación en la aprobación de otros con la esperanza de alcanzar seguridad laboral, o si obtienes un sentido de importancia de tus logros como líder.

Si no pudieras ejercer de líder o servir en tu posición actual de liderazgo, ¿escogerías siendo la misma persona, teniendo el mismo sentido de aceptación, seguridad e importancia?

Use la Parte 1 a continuación para ayudarlo a determinar hasta qué punto has obtenido tu sentido de importancia, seguridad, aceptación o identidad del liderazgo.

Parte 1 —Discierne la fuente de identidad errónea en el liderazgo

Querido Padre celestial,

Te agradezco que por tu gracia y mediante la fe en tu Hijo Jesucristo me has escogido como tu hijo, santo y precioso para ti. Gracias que en Cristo soy importante, seguro y aceptado. Sin embargo, confieso que no siempre he creído que mi identidad es completa en Cristo. He obtenido un sentido de importancia, seguridad y aceptación de mi liderazgo. Espíritu Santo revela a mi mente cómo he pecado contra ti de esta manera, para que yo pueda arrepentirme. En el nombre de Jesús. Amén.

Considere las siguientes listas. Califique cada frase en una escala del 1 al 5. El 1 indica que la frase no es nada acertada a tu caso y el 5 indica que la frase es muy acertada a tu caso.

Suma el total al final de cada sección.

Discernir si hemos obtenido nuestra identidad del liderazgo:

La identidad es más que una etiqueta. Tiene que ver con la esencia de quiénes somos y por qué estamos aquí. Cuando comenzamos nuestro peregrinaje en la tierra, el mundo parece girar a nuestro entorno. Inevitablemente, desarrollamos patrones de la carne hasta que descubrimos quiénes somos en Cristo y aprendemos a centrar nuestra vida en Cristo.

— Aquellos patrones de la carne entorpecen nuestra capacidad de liderar.

— Me cuesta imaginar mi vida sin mis responsabilidades de liderazgo.

— A menudo siento que mi mundo gira en torno a mi rol de liderazgo.

— A menudo llevo mis dispositivos electrónicos cuando salgo de vacaciones para mantenerme informado en cuanto a mis responsabilidades de liderazgo.

— Me cuesta dejar de pensar en mi trabajo / rol de liderazgo, incluso durante un día libre o cuando salgo de vacaciones.

— Todos mis pasatiempos y actividades de ocio suelen estar relacionadas con mi rol de liderazgo.

— Siento que mi rol de liderazgo es el aspecto más significativo de mi vida.

— Mi cónyuge, mis hijos y/o amigos a menudo se quejan de que dedico demasiado tiempo a mi rol de liderazgo (o a mi trabajo).

- Me siento orgulloso de la posición de liderazgo que he alcanzado.
- Disfruto grandemente de todos los beneficios de la posición de liderazgo que he alcanzado y me costaría mucho perderlos.
- Cuando hablo con la gente, lo primero que suelo mencionar es algo relacionado a mi rol o responsabilidades de liderazgo.

Total

Discernir si hemos obtenido nuestro sentido de importancia del liderazgo:

Lo que se olvida con el tiempo es de poca importancia. Lo que se recuerda por la eternidad es de mayor importancia. Creer que somos insignificantes o que nuestro ministerio es insignificantes perjudicará nuestro liderazgo porque intentaremos obtener nuestro sentido de importancia de los roles de liderazgo.

- Siento que si yo mismo no hago el trabajo, todo se derrumba.
- Mi rol o posición de liderazgo me hace sentir que encajo y que mi vida tiene sentido.
- Soy una pieza muy importante de mi organización/empresa, quizás la clave de su éxito.
- Doy mucha importancia a la cantidad de gente que asiste a mis eventos y a cuánta publicidad logra.
- Mi salario refleja el valor de mi liderazgo. (O: El salario que obtendría si me dedicase a otra área refleja el valor de mi liderazgo.)
- Disfruto contar a otros la cantidad de correo electrónico que recibo cada día, la cantidad de personas que superviso o cuán importantes son mis responsabilidades.
- Me siento herido o molesto cuando no obtengo el reconocimiento que merezco.
- Para mí es importante, y espero que otros reconozcan, los títulos y carreras que tengo.
- Me cuesta descansar porque la gente depende de mi ayuda o aporte.
- Mi rol de liderazgo me ayuda a sentirme bien.

Total

Discernir si hemos obtenido nuestro sentido de seguridad del liderazgo:

La seguridad tiene que ver con asuntos eternos más que temporales, los cuales no tenemos el derecho o la capacidad de controlar. Los líderes inseguros intentan manipular a personas y eventos que creen que les darán un sentido de seguridad.

— No sé qué haría con mi vida si no pudiera continuar en mi rol o posición de liderazgo actual.

— A menudo siento que debo mantener el control de la situación.

— Cuando la gente me critica, suelo ponerme a la defensiva.

— Mis amigos y demás grupos de personas con quien me relaciono suelen girar en torno a mi rol de liderazgo.

— Si alguien me perjudica en el trabajo o en mi posición de liderazgo, rápidamente busco rectificación a través de los canales apropiados.

— Como líder, es importante que yo mantenga el control en toda situación.

— A menudo recuerdo a la gente lo ocupado que estoy.

— Me siento competitivo o celoso cuando otras personas tienen mayor éxito en la misma actividad a la que yo me dedico.

— Me siento amenazado cuando estoy con otras personas que parecen tener más éxito que yo.

— Paso mucho tiempo pensando en cuánto me pagan por mi rol de liderazgo.

Total

Discernir si hemos obtenido nuestro sentido de aceptación del liderazgo:

Ser aceptado por Dios es mucho más que ser tolerado. Significa que nos ha perdonado por completo, nos ha adoptado como sus hijos, nos ha hecho una nueva creación en Cristo y nos ha recibido como miembros valiosos de su familia. Es esencial que los líderes lo tengan claro porque probablemente recibirán más crítica y rechazo que los demás.

— Me cuesta negarme a asumir nuevas responsabilidades.

— Me cuesta compartir mis luchas personales con otros líderes o con las personas a quienes lidero.

- Como líder, es muy importante contar con el aprecio de la gente que me rodea.

- Soy reservado con mis ideas y sentimientos porque si otros ven quien soy de verdad, no me permitirán ser el líder.

- Quiero que la gente me llame por mi título o posición (por ejemplo «Pastor Pedro», «Doctor Pérez»).

- Me cuesta mucho admitir cuando cometo un error, especialmente con respecto a mi liderazgo.

- A menudo hago lo que otros quieran que haga, incluso cuando sé que no es lo mejor.

- Paso gran parte de mi tiempo como líder respondiendo a las necesidades y a las crisis de los demás.

- A menudo dejo de tomar un día libre porque alguien tiene una necesidad urgente.

- Me resulta muy difícil recibir la crítica o el rechazo de la gente.

Total

Mira el total en cada una de las cuatro áreas anteriores y toma un tiempo ante Dios evaluando cuán problemática es para ti cada área.

Consideramos que un total de 40–50 en un área indica que definitivamente es problemática para ti; 30-40 indica que probablemente es problemática para ti; 20-30 indica que puede ser problemática para ti; y menos de 20 indica que probablemente no es problemática para ti.

La prueba del «susurro»
Pausa y escucha al Espíritu Santo. ¿Escuchas un «susurro» que te dice que quizás obtuviste identidad, importancia, seguridad o aceptación de tu liderazgo?

Ora lo siguiente a la luz de lo que Dios te ha mostrado:

Querido Padre celestial,

Confieso que he pecado contra ti al haber buscado mi sentido de identidad, importancia, seguridad y aceptación de mis roles de liderazgo, posiciones y títulos en lugar de obtenerlo de mi relación contigo. En particular, confieso que he obtenido mi sentido de identidad, importancia, seguridad o aceptación fuera de ti de las siguientes maneras:

_____ (menciona una por una lo que el Espíritu Santo te ha mostrado o te trae a la mente en este momento). Reconozco que esto es pecado. Gracias que en Cristo tú me perdonas. Renuncio a buscar mi sentido de identidad, importancia, seguridad y aceptación de estas maneras. Decido basar mi vida sólo en ti, mediante la fe en tu Hijo Jesucristo. Por favor lléname de tu Espíritu y ayúdame a confiar sólo en ti. En el nombre de Jesucristo mi Señor. Amén.

Parte 2 —Afirmemos quiénes somos en Cristo como líderes

Dios nos ama y quiere que estemos firmemente arraigados en Cristo, y eso debe suceder primero para que podamos guiar libremente a otros. Intentar descubrir quiénes somos a través de nuestros roles de liderazgo, con la esperanza de que tales roles nos proporcionen importancia, seguridad y aceptación, nos conducirá al desastre. Por otro lado, liderar puede ser muy gratificante si estamos profundamente arraigados en Cristo. Lee estas afirmaciones en voz alta y deja que la Palabra de Dios habite en ti:

Cristo afirma mi identidad

Renuncio a la mentira que dice que dependo de algún rol de liderazgo para mi sentido de importancia, porque en Cristo soy profundamente IMPORTANTE. Dios dice que:

Soy la sal de la tierra y la luz del mundo (Mateo 5:13, 14)

Soy una rama de la vid verdadera, unido a Cristo, y un canal que transporta su vida (Juan 15: 1, 5)

Dios me ha elegido y destinado para llevar mucho fruto (Juan 15:16)

Soy testigo personal de Cristo, capacitado por el Espíritu Santo (Hechos 1: 8)

Soy templo de Dios (1 Corintios 3:16)

Soy ministro de reconciliación (2 Corintios 5: 17–21).

Soy embajador de Cristo en el mundo (2 Corintios 5:20)

Soy colaborador con Dios (2 Corintios 6: 1)

Estoy sentado con Cristo en las regiones celestiales (Efesios 2: 6)

Soy hechura de Dios, creado para buenas obras (Efesios 2:10)

Puedo acercarme a Dios con libertad y confianza (Efesios 3:12)

¡Todo lo puedo en Cristo que me fortalece! (Filipenses 4:13)

Renuncio a la mentira que dice que depondo de algún rol de liderazgo para mi sentido de seguridad, porque en Cristo tengo total SEGURIDAD. Dios dice que:

Estoy exento para siempre de cualquier condenación (Romanos 8: 1, 2)

Estoy seguro de que Dios dispone todas las cosas para mi bien (Romanos 8:28)

Estoy libre de cualquier acusación contra mí (Romanos 8: 31–34)

Nada puede separarme del amor de Dios (Romanos 8: 35–39)

Dios me ha afirmado, ungido y sellado (2 Corintios 1:21, 22)

Estoy seguro de que Dios perfeccionará la buena obra que comenzó en mí (Filipenses 1: 6)

Soy ciudadano del cielo (Filipenses 3:20)

Estoy escondido con Cristo en Dios (Colosenses 3: 3)

No se me ha dado un espíritu de timidez, sino de poder, de amor y de dominio propio. (2 Timoteo 1: 7)

Puedo obtener gracia y misericordia en tiempos de necesidad (Hebreos 4:16)

He nacido de Dios y el maligno no me puede tocar. (1 Juan 5:18)

Renuncio a la mentira que dice que dependo de algún rol de liderazgo para mi sentido de aceptación, porque en Cristo soy completamente ACEPTADO. Dios dice que:

Soy hijo de Dios (Juan 1:12)

Soy amigo de Cristo (Juan 15: 5)

He sido justificado (Romanos 5: 1)

Estoy unido a Dios y soy un espíritu con Él (1 Corintios 6:17)

He sido comprado por un precio: pertenezco a Dios (1 Corintios 6:19,20)

Soy un miembro del cuerpo de Cristo (1 Corintios 12:27)

Soy santo (Efesios 1: 1)

He sido adoptado como hijo de Dios (Efesios 1: 5)

Tengo acceso directo a Dios por el Espíritu Santo (Efesios 2:18)

He sido redimido y perdonado de todos mis pecados (Colosenses 1:14)

Estoy completo en Cristo. (Colosenses 2:10)

Declaración de la identidad en Cristo

Busca una pareja. Colócate en frente de la otra persona. Cada uno debe leer la lista completa en voz alta a la otra persona. (Si estás haciendo *Los Pasos* para Líderes por tu cuenta, mírate al espejo mientras lees estas frases.)

Te declaro, _____ (nombre), que tú no dependes de ningún rol de liderazgo para sentirte importante, porque en Cristo eres profundamente importante. Dios dice que:

Eres la sal de la tierra y la luz del mundo (Mateo 5:13, 14)

Eres una rama de la vid verdadera, unido a Cristo, y un canal que transporta su vida (Juan 15: 1, 5)

Dios te ha elegido y destinado para llevar mucho fruto (Juan 15:16)

Eres testigo personal de Cristo, capacitado por el Espíritu Santo (Hechos 1: 8)

Eres templo de Dios (1 Corintios 3:16)

Eres ministro de reconciliación (2 Corintios 5: 17–21)

Eres embajador de Cristo en el mundo (2 Corintios 5:20)

Eres colaborador con Dios (2 Corintios 6: 1)

Estás sentado en lugares celestiales con Cristo Jesús (Efesios 2: 6)

Eres hechura de Dios, creado para buenas obras (Efesios 2:10)

Puedes acercarte a Dios con libertad y confianza (Efesios 3:12)

¡Puedes hacerlo todo por medio de Cristo que te fortalece! (Filipenses 4:13)

Te declaro, _____ (nombre), que no dependes de ningún rol de liderazgo para sentirte seguro, porque en Cristo tienes total seguridad.
Dios dice que:

Eres exento para siempre de cualquier condenación (ver Romanos 8: 1,2)

Puedes estar seguro de que todas las cosas cooperan para el bien de los que aman a Dios (Romanos 8:28)

Eres libre de cualquier acusación contra ti (Romanos 8: 31–34)

Nada puede separarte del amor de Dios (Romanos 8: 35–39)

Dios te ha afirmado, ungido y sellado. (2 Corintios 1:21, 22)

Puedes estar seguro de que Dios perfeccionará la buena obra que comenzó en ti (Filipenses 1: 6)

Eres ciudadano del cielo (Filipenses 3:20)

Estás escondido con Cristo en Dios (Colosenses 3: 3)

No se te ha dado espíritu de temor, sino de poder, de amor y de dominio propio (2 Timoteo 1: 7)

Puedes obtener gracia y misericordia en tiempos de necesidad (Hebreos 4:16)

Has nacido de Dios y el maligno no te puede tocar (1 Juan 5:18)

Yo te declaro, _____ (nombre), que no dependes de ningún rol de liderazgo para sentirte aceptado, porque en Cristo eres completamente aceptado. Dios dice que:

Eres hijo de Dios (Juan 1:12)

Eres amigo de Cristo (Juan 15: 5)

Has sido justificado (Romanos 5: 1)

Estás unido a Dios y eres un espíritu con él (1 Corintios 6:17)

Has sido comprado por un precio: perteneces a Dios (1 Corintios 6:19, 20)

Eres miembro del cuerpo de Cristo (1 Corintios 12:27)

Eres uno de los santos de Jesucristo (Efesios 1: 1)

Has sido adoptado como hijo de Dios (Efesios 1: 5)

Tienes acceso directo a Dios por el Espíritu Santo (Efesios 2:18)

Has sido redimido y perdonado de todos tus pecados (Colosenses 1:14)

Estás completo en Cristo. (Colosenses 2:10)

Si hiciste esta declaración en pareja, termina este paso orando el uno por el otro.

Paso dos: El perdón en el liderazgo

Los conflictos en el liderazgo son inevitables. Experimentaremos crítica, sabotaje, ingratitud y toda clase de dolores y ofensas. Los líderes que no perdonan se convierten en personas amargadas y resentidas. Esto les puede llevar al agotamiento y a sufrir consecuencias espirituales, mentales y físicas.

Los líderes deben perdonar para poder relacionarse con los demás de manera saludable y para mantener una conexión saludable con las personas y con los sistemas humanos. Sin embargo, debemos perdonar principalmente por el bien de nuestra relación con Dios (Mateo 18: 23–35). Este paso te ayudará a hacerlo.

Debemos perdonar a los demás como Cristo nos ha perdonado. Lo hizo tomando todo los pecados del mundo sobre sí. Básicamente, perdonar a los demás es aceptar vivir con las consecuencias de su pecado. Eso puede parecer injusto, pero tendremos que vivir con ellas de todos modos. Nuestra única opción es vivir con ellas en la esclavitud de la amargura, o en la libertad que proporciona el perdón. Es para nuestro propio bien que tomamos esa decisión.

Perdonamos a alguien que nos ha lastimado porque el dolor no desaparecerá hasta que perdonemos. No sanamos nuestro corazón para luego poder perdonar.

Perdonamos primero y es nuestra comunión restaurada con Dios lo que trae sanidad. Perdonar no significa tolerar el pecado. Tenemos todo el derecho de establecer límites bíblicos para evitar más abuso. Aunque los líderes perdonen a sus seguidores, deben disciplinarlos cuando sea apropiado. La diferencia es que no lo hacen con resentimiento, lo cual le restaría eficacia.

Perdonar no significa necesariamente que la otra persona haya hecho algo mal, más bien es reconocer que la persona nos causó dolor. Por supuesto, necesitamos perdonar cuando alguien peca contra nosotros, pero también necesitamos perdonar cuando alguien hace algo que no es pecaminoso pero que nos causa dolor, como cuando nos corrigen apropiadamente.

A medida que perdonamos, entregamos el dolor de la ofensa a Dios por medio de Jesucristo. Cada vez que el recuerdo de la ofensa vuelve y causa dolor, necesitamos perdonar nuevamente. Al continuar perdonando, Dios entra y sana el dolor que hemos experimentado. El perdón no es lo mismo que la reconciliación, aunque ambos son conceptos bíblicos. Si alguien te ha ofendido o ha pecado contra ti, tienes la responsabilidad de perdonar (Mateo 18: 23–35 o Mateo 6: 12–15). Si tú sabes que has ofendido o pecado contra otra persona, tienes la responsabilidad de intentar reconciliarte (Mateo 5: 23–26), aunque cualquiera de las partes puede iniciar la reconciliación. Durante este paso, puede que el Señor traiga a tu mente personas con las que debes intentar reconciliarte. Haz una lista de ellas.

Comience con esta oración:

> **Querido Padre celestial,**
> Como líder, sé que he pecado muchas veces. He herido a otros a sabiendas y sin saberlo. Gracias por la riqueza de tu bondad, tu tolerancia y paciencia conmigo. Reconozco que tu bondad me lleva al arrepentimiento. Confieso que no he mostrado esa misma bondad y paciencia hacia los líderes o seguidores que me han herido u ofendido. Al contrario, he fomentado ira, amargura y resentimiento hacia ellos. Por favor, trae a mi mente todas las personas a quienes necesito perdonar —que me han herido en su capacidad de líderes o seguidores— para que yo pueda escoger hacerlo. En el nombre de Jesús. Amén.
> (Romanos 2: 4)

Haz una lista de todos quienes el Señor te traiga a la mente: otros líderes, seguidores o cualquier persona que te haya herido:

Recuerda, no importa si estas personas realmente pecaron contra ti. Si *sientes* que te ofendieron o hirieron, necesitas perdonarlos. Es por eso que muchos necesitan perdonar a Dios. Aunque sabemos que Dios no ha pecado, podemos *sentir* que nos ha decepcionado.

Para perdonar a otros de corazón, debemos permitir que Dios toque nuestro núcleo emocional y reconocer todo sentimiento de dolor, ira y odio, especialmente aquellos que hemos suprimido. Dios quiere sacar a la luz esos sentimientos para que podamos soltarlos. Eso sucede cuando perdonamos a otros por la ofensa específica que Dios nos recuerda y reconocemos cómo nos hizo sentir la ofensa.

Perdonarte a ti mismo es reconocer que Dios te ha perdonado. Sin embargo, puede ser extremadamente beneficioso decir: «Señor, me perdono a mí mismo por (dile a Dios lo que hiciste y otras cosas por las que te sientes culpable)».

Perdonar a otros puede ser una crisis para la voluntad. No digas: «Señor, quiero perdonar» o «Señor, ayúdame a perdonar». Dios siempre nos ayudará. *Elegimos* perdonar a otros por ofensas específicas hacia nosotros .

Repite la siguiente oración por cada persona en tu lista. No pases a la siguiente persona hasta que trates con cada memoria dolorosa:

> **Señor, elijo perdonar a** _____ **(nombre) por** _____ **(lo que hizo o dejó de hacer) lo que me hizo sentir** _____ **(describe el dolor).**

Después de haber orado por cada persona de tu lista, ora lo siguiente:

> **Señor, elijo no aferrarme a mi resentimiento. Renuncio a toda amargura.**
>
> **Renuncio a mi derecho de buscar venganza o castigar a quienes me hirieron. Gracias por liberarme de la esclavitud de la amargura y te pido que sanes mis heridas emocionales. Elijo bendecir a los que me han hecho daño. En particular, elijo bendecir** _____ **(nombra las personas). En el nombre de Jesús. Amén.**

La reconciliación

Apunta los nombres de todas las personas con las que debes intentar reconciliarte.

Si hemos pecado contra alguien, debemos ir a esa persona y específicamente pedirles perdón por lo que hemos hecho o dejado de hacer y restituir si es necesario (Mateo 5:23, 24). Siempre es mejor hacerlo en persona en lugar de hacerlo por carta, teléfono o correo electrónico. Comienza el proceso de reconciliación al orar lo siguiente:

> **Dios Todopoderoso, confieso que he pecado contra _____ (nombre de la persona) al _____ (indica lo que hiciste o dejaste de hacer). Por tu Espíritu Santo, muéstrame cómo puedo procurar reconciliarme con esta persona. En el nombre de Jesús. Amén.**

Si has dicho o hecho algo que puede haber herido a la persona pero que quizá no era pecaminoso (como corregirle apropiadamente), ora lo siguiente:

> **Querido Padre Celestial, te pido que sanes las heridas que yo haya causado a _____ (nombre de la persona) cuando _____ (indica lo que hiciste o dejaste de hacer). Por favor, revélame si _____ (indica lo que hiciste o dejaste de hacer) fue pecaminoso de alguna manera para poder arrepentirme. Por tu Espíritu Santo muéstrame cómo procurar reconciliarme con esta persona. En el nombre de Jesús. Amén.**

Asegúrate de cumplir con lo que el Señor te muestre. Sé paciente con el proceso y toma en cuenta que la reconciliación no está garantizada, ya que depende de la respuesta de la otra persona (Romanos 12:18). Sin embargo, si les has perdonado y les has pedido perdón, tendrás paz con Dios. Para una discusión más a fondo sobre la reconciliación, lee el libro de Neil Anderson *Restaura tus relaciones rotas*.

Paso tres: Supera la ansiedad y la reactividad en el liderazgo

La ansiedad perjudica el liderazgo al sumergirnos en los problemas y tensiones a nuestro alrededor de tal manera que nos impide ver la verdad de Dios y su perspectiva divina para saber cómo avanzar en obediencia. La ansiedad ciega a los líderes y terminan perdiendo todo sentido de visión y dirección de Dios.

La ansiedad distorsiona nuestra perspectiva y nuestra comunicación.

Cuando los líderes están ansiosos, son más propensos a las relaciones reactivas: relaciones donde las personas se oponen automáticamente y dejan de extender gracia y perdón el uno al otro. En este tipo de relación, reaccionamos desde la carne en lugar del espíritu. Los líderes pueden decidir responder con intencionalidad y gracia hacia quienes son reactivos, en especial hacia quienes les manifiestan oposición y crítica personal. Para hacerlo, primero deben identificar este tipo de relación y decidir romper la reactividad al responder en gracia y amor.

Parte 1 —Supera la ansiedad

La ansiedad a menudo opera en la trastienda de nuestra mente.

La(s) fuente(s) de ansiedad puede ser un sinnúmero de problemas: sobrecarga de trabajo; sobrecarga de información; crisis financiera; dificultades interpersonales; problemas en el trabajo; problemas en el hogar... A menudo, varias fuentes de ansiedad operan a la vez. Para superar la ansiedad, debemos pedirle al Espíritu Santo que revele las fuentes de ansiedad. Debemos entonces arrepentirnos de esta ansiedad, optando por presentar el asunto a Dios en oración y acción de gracias. Si la ansiedad es profunda o crónica, es posible que haga falta el «Demoledor de fortalezas» para eliminarlo (ver el Curso de Discipulado para más información). Para comenzar a discernir la ansiedad en tu vida, ora lo siguiente:

> **Querido Padre celestial**
>
> **Eres el Dios omnisciente. Tú conoces los pensamientos e intenciones de mi corazón. Conoces las situaciones en las que estoy de principio a fin.**
>
> **Deposito mi confianza en ti para suplir todas mis necesidades de acuerdo a tus riquezas en gloria y para guiarme a toda verdad. Por favor, revélame las emociones y los síntomas que he experimentado que son evidencia de la ansiedad en mi vida. En el nombre de Jesús. Amén.**

Marca las emociones y síntomas de ansiedad que se aplican a ti. Añade otros que el Espíritu te revele.

- ☐ Malestar general o nerviosismo
- ☐ Impulsividad
- ☐ Falta de perdón
- ☐ Estar a la defensiva
- ☐ Falta de concentración
- ☐ Inquietud
- ☐ Hiperactividad
- ☐ Pérdida de creatividad.
- ☐ Falta de claridad mental
- ☐ Emociones a flor de piel

- ☐ Pérdida de objetividad.
- ☐ Tendencia a procrastinar
- ☐ Terquedad
- ☐ Sentido de impotencia o incompetencia
- ☐ Dificultad en la toma de decisiones
- ☐ Pesadillas fuertes
- ☐ Culpar a otros
- ☐ Criticar y juzgar a otros
- ☐ Obstinación
- ☐ Ser caprichoso
- ☐ Estar involucrado en chisme o rumores
- ☐ Sentirse víctima
- ☐ Exageración
- ☐ Inestabilidad emocional
- ☐ Mala comunicación
- ☐ Televisión o redes sociales en exceso
- ☐ Bebida o comida en exceso
- ☐ Problemas de dinero
- ☐ Trabajar en exceso
- ☐ Otros:

Tener más de tres síntomas indica que la ansiedad puede ser un problema. Tener más de siete sugiere que la ansiedad es crónica.

Haz la siguiente oración:

Padre amoroso,

Tu palabra nos dice que no estemos ansiosos, y me doy cuenta de que no te he obedecido.

Me he permitido estar ansioso por muchas cosas, tal como lo demuestran las emociones y los síntomas que he marcado. Confieso que mi ansiedad demuestra una falta de confianza en ti. Te pido que me escudriñes, oh Dios, y que sondees mi corazón; pruébame y sondea mis pensamientos; fíjate

si voy por mal camino, y guíame por el camino eterno. Por favor revélame todas aquellas cosas que me causan ansiedad, para yo poder entregártelas una por una en confianza y obediencia. En el precioso nombre de Jesús. Amén.

(Mateo 6: 31–34; Filipenses 4: 6; Salmo 139: 23, 24)

1. Apunta todas las causas de ansiedad (evidenciada por las emociones y los síntomas de la lista) que el Espíritu Santo te revele. Intenta ser específico:

(Ejemplo: estoy cargado de trabajo porque no puedo contar con nadie)

2. Por cada cosa que te causa ansiedad, describe lo que estás creyendo o asumiendo (generalmente son «mentiras» que te están causando temor o malestar emocional.

(Ejemplo: nadie más hace bien el trabajo).

Responde con esta oración:

Querido Padre celestial

Decido confiar sólo en ti. No confío en mí ni en mi habilidad de resolver las circunstancias en mi vida. No confío en mi familia ni amigos para resolver las circunstancias en mi vida. No confío en mi trabajo para resolver las circunstancias en mi vida. No confío en mi iglesia para resolver las circunstancias en mi vida. Decido confiar sólo en ti. Ahora te entrego las siguientes causas de ansiedad en oración:

1. Apunta la ansiedad o la causa de ansiedad.

2. Describe las emociones o síntomas que la acompañan.

3. Pídele a Dios la solución o la salida más apropiada.

En el nombre de Jesucristo, renuncio a las mentiras que he creído sobre estas cosas que me causan ansiedad. En particular, renuncio a la mentira que dice que:_____ (menciona cada mentira que has creído o asumido).

Gracias que eres soberano sobre mi vida. Gracias que estás en control de las circunstancias de mi vida. Gracias que siempre obras para mi bien en cualquier situación Gracias que en Jesucristo no soy víctima de la ansiedad, más bien puedo vencer la ansiedad. Decido caminar en obediencia a ti y resistir la ansiedad al mantener mis ojos en ti. En el nombre de Jesucristo. Amén.

Parte 2 —Rompe los ciclos de Reactividad

Los ciclos de Reactividad se dan cuando quedamos atrapados en una relación en la que hay oposición, resistencia y crítica mutua. Nos volvemos reactivos cuando comenzamos a relacionarnos con otras personas desde la carne, ese aspecto pecaminoso de nuestra humanidad que se resiste a la voluntad de Dios. Cuando nos comportamos de manera reactiva los demás tienden a responder de manera reactiva también, creando un ciclo de reactividad.

Podemos volvernos reactivos no sólo hacia individuos, sino también hacia grupos y organizaciones. Por ejemplo, alguien puede volverse reactivo hacia un partido político, de modo que sea lo que sea que su líder diga, la persona encontrará alguna razón de oponerse a ello. Esto puede derivar en desacuerdos inextricables entre las personas con respecto a la política, lo cual les impedirá trabajar juntas por el bien de su país.

En cualquier momento podemos romper los ciclos de reactividad si decidimos responder invariablemente con gracia, amor y perdón.

Ora de este modo:

Querido Padre celestial

Tu Palabra dice que eres clemente y compasivo, lento para la ira y grande en amor y fidelidad (Éxodo 34: 6). Aunque he recibido tu compasión, confieso que no siempre he extendido esta compasión a otros.

Al contrario, me he permitido reaccionar en la carne. Por favor revélame todas las personas con quienes he sido reactivo, para poder arrepentirme y obtener libertad. En el nombre de Jesús. Amén.

1. Haz una lista de cada persona que el Espíritu trae a tu mente.

2. Para cada persona, describa cómo ha sido reactivo a eso persona.

3. Por cada persona, haga la siguiente oración:

Señor,

Confieso que he sido reactivo hacia _____ (nombre de la persona o grupo) al _____ (describe de qué manera has sido reactivo).

Gracias porque en Cristo tengo perdón. Ahora elijo responder a _____ (nombre de la persona o grupo) en gracia, amor y misericordia. Elijo extender gracia a _____ (nombre de la persona o grupo) tal como tú me has extendido gracia a mí en tu Hijo Jesucristo. Conviérteme en un agente de reconciliación con _____ (nombre de la persona o

grupo). Elijo bendecir a _____ (nombre de la persona o grupo) en el nombre de Jesucristo, mi Señor. Amén.
(Efesios 4:32)

Según corresponda, es posible que debas procurar reconciliarte con los de tu lista (Ver Paso 2). Permite que el Espíritu Santo te guíe en esto. A menudo, cuando elegimos romper el ciclo de reactividad, la reconciliación comienza a darse naturalmente gracias al Espíritu Santo.

Paso cuatro: Acepta la responsabilidad del liderazgo

El propósito de este paso es ayudarnos a comprender y aceptar el tipo de líder que Dios diseñó que fuésemos —ya sea un líder natural, un líder en nuestro sistema humano, o un líder en una situación particular. Los líderes naturales son personas que lideran por defecto, sin importar el contexto. Su disposición normal es el liderazgo. Otros tienen el llamado a liderar en un sistema humano en particular (grupo de personas). Pueden ser líderes en el hogar o en el trabajo, pero generalmente no lideran fuera de su sistema humano. Casi todos necesitarán liderar de vez en cuando a medida que la situación lo requiera. Porque casi todos liderarán de vez en cuando, no hay una actividad para discernir este aspecto del liderazgo.

Después de ayudarte a identificar a qué tipo de liderazgo has sido llamado, este Paso te ayudará a discernir aquellas ocasiones en las que no ejerciste el liderazgo o en las que ejerciste el liderazgo de manera incorrecta. Si no hemos liderado como Dios requiere o si hemos ejercido el liderazgo de manera incorrecta, entonces hemos pecado. Debemos resolver estas áreas de pecado si queremos liderar correctamente.

Parte 1 —Identifica el alcance de tu liderazgo

Querido Padre celestial

Me regocijo porque me has salvado por gracia mediante la fe, y porque soy hechura tuya, creado en Cristo Jesús para buenas obras que has dispuesto de antemano para mí (Efesios 2: 8-10). Por tu mano creadora cada persona es única, y a cada una le has dado distintos dones espirituales, llamados y ministerios por medio de tu Espíritu Santo (1 Corintios 12: 4–7).

Te pido que me reveles cómo tú me has creado y llamado a liderar. En el nombre de Jesús. Amén.

Liderazgo natural

Puntúa las siguientes oraciones en una escala del 1 al 10, siendo 10 el más alto:

— Ya sea en el trabajo, en la iglesia, en el hogar o en otras organizaciones, la gente suele pedirme que lidere.

— Cada vez que lidero, me siento confiado/seguro.

— Cada vez que lidero, me siento optimista.

— Cada vez que lidero, me siento revitalizado.

— Por lo general, soy más eficaz liderando un equipo que como miembro del equipo.

— En general no me siento amenazado o celoso cuando estoy entre otros líderes

— La gente parece disfrutar de mi liderazgo.

— La mejor manera en que yo puedo servir a las personas es liderándolas.

— Me resulta relativamente fácil obtener una visión clara de Dios para mi trabajo, Iglesia, hogar u otra organización de la que formo parte.

— Puedo dar fe del buen fruto en los contextos en los que he liderado

Total

Si tu puntuación es 70 o más, es probable que Dios te haya llamado a ser un líder natural. Es bueno verificar tus respuestas con tu cónyuge o un amigo cercano que pueda ayudarte a discernir.

Una vez que hayas completado este ejercicio, ora lo siguiente:

Querido Padre celestial

Gracias por crearme para el tipo de liderazgo que tú diseñaste, sea o no un líder natural. Me rindo a tu propósito en mi vida con respecto al

liderazgo. Declaro que tu Hijo Jesús fue el mayor líder de todos, el ejemplo perfecto de liderazgo genuino. Mediante tu Espíritu, elijo seguir tu ejemplo de liderazgo y usar el liderazgo para servir a los demás con humildad. Permite que mi liderazgo siempre refleje la vida de Jesús. Amén.

Liderazgo de sistemas humanos

Revisa la lista de sistemas humanos a continuación. Marca aquellas en las que tú ya ejerces de líder o crees que Dios te está llamando a ejercer liderazgo.

Escribe una nota al lado de todo sistema humano que requiera explicación (por ejemplo, «equipo financiero en el trabajo» o «tropa de Scouts»).

- ☐ Tu familia inmediata
- ☐ Tu familia extendida
- ☐ Tu trabajo
- ☐ Equipos u otros grupos en el trabajo
- ☐ Asociaciones profesionales
- ☐ Tu iglesia
- ☐ Grupo celular/grupo de hogar de la iglesia
- ☐ Organizaciones comunitarias y sociales
- ☐ Otros:

Ora lo siguiente a la luz de tus respuestas:

Querido Padre celestial

Te agradezco por la persona que me has creado para ser. Ahora libremente y de todo corazón elige caminar de la manera que te has preparado para mí, aceptando las responsabilidades de liderazgo que me has dado. En particular,

Afirmo que me has llamado a dirigir en _____ (enumera todos los específicos contextos). Por Tu Espíritu Santo, empoderame para servir a otros a través de mi liderazgo en cualquier sistema humano o situaciones en las que me ubiques, así que para que yo pueda traer gloria y honor a mi Señor Jesucristo. Amén.

Parte 2: Identifica las situaciones y sistemas humanos en los que fallaste al liderar

Todo líder comete errores; todo líder falla. Esta parte del Paso mira aquellas ocasiones en las que descuidamos nuestras responsabilidades de liderazgo o aquellas en las que cumplimos nuestras responsabilidades pero de manera pecaminosa.

Comienza con la siguiente oración:

Querido Padre celestial,

Gracias por tu misericordia y bondad, porque tu bondad me lleva al arrepentimiento (Romanos 2: 4). Confieso que no siempre he liderado cuando he debido liderar y he descuidado mi responsabilidad ante ti. También confieso que no siempre he liderado de la manera correcta, sino que he liderado por razones egoístas y de maneras pecaminosas. Por favor revélame cada ocasión en la que no he liderado como tú querías que lo hiciera, para que yo pueda arrepentirme. En el nombre de Jesús. Amén.

1. Haz una lista de los sistemas humanos en los que no has liderado como Dios quería que lo hicieras:

2. Enumere las situaciones en las que has descuidado tus responsabilidades de liderazgo o no has liderado como debías:

3. Enumere las situaciones en las que has liderado incorrectamente:

4. Marca las frases que se apliquen a ti:

   ☐ He usado la culpa o la vergüenza para que los demás hagan lo que yo quiero o lo que yo creo que se debe hacer.

   ☐ He exigido que los demás hagan lo que yo quiero o que sigan mis reglas.

   ☐ He controlado a los demás con mi personalidad dominante, con persuasión severa, o usando el temor y las amenazas.

   ☐ He tenido la expectativa de estar al mando porque soy el líder.

   ☐ He intentado que los demás hagan lo que yo quiero usando reglas, normativas y políticas.

   ☐ Me he esforzado por conseguir o mantener un puesto o rol para llevar a cabo mis propósitos

   ☐ He asumido la responsabilidad de la vida y el bienestar de otros adultos bajo mi liderazgo

   ☐ He empujado a los demás y a mí mismo cada vez más para cumplir con una visión

   ☐ He sido terco y rígido en mi liderazgo.

   ☐ He requerido que las personas bajo mi liderazgo hagan lo que digo, cuando lo digo y tal como lo digo.

   ☐ He esperado que los demás se esfuercen tanto como yo si quieren mi aprobación.

☐ Nunca he estado completamente satisfecho con el desempeño de aquellos a quienes lidero.

☐ Otras cosas que el Señor pueda mostrarte:

Ora lo siguiente e incluye los puntos que has marcado:

Señor, confieso que no he liderado cuando debía haberlo hecho. Específicamente, confieso mi pecado en estas áreas: _____ (menciona aquellos de 1 y 2). También confieso que he dirigido incorrectamente. Específicamente confieso estas maneras equivocadas de liderar: _____ (menciona aquellas de 3 y 4). Gracias porque en Jesucristo tengo perdón. Ahora me comprometo a liderar en toda situación que tú me pidas y de una manera digna de Jesucristo, el mayor líder de todos. Amén.

Concluye este Paso con la siguiente oración:

Dios amable y amoroso,

Gracias por permitirme servir a la gente mediante el liderazgo, siendo quien soy en Cristo. Permíteme llevar a cabo todas mis responsabilidades de liderazgo con humildad, gozo y amor, tal como lo hizo tu Hijo, Jesús. En el poder de tu Espíritu Santo, permíteme vivir en obediencia a ti y servir en amor Por medio de Jesucristo. Amén.

Paso cinco: dinero, sexo y poder en el liderazgo

Cuando un líder cae, suele ser a causa de uno (o más) de éstos: dinero, sexo y poder. Si alguna de estos tres está fuera de equilibrio en nuestra vida, minará nuestra capacidad de liderazgo. Nos afectará incluso si el problema no está directamente relacionado con nuestro contexto de liderazgo. En este paso pedimos al Espíritu Santo que nos revele cada manera en la que hemos pecado o estamos pecando en cada una de estas áreas.

Parte 1 —Dinero

Cuando usamos el término «dinero», nos referimos a todos los recursos económicos y materiales (automóvil, casa, computadora, etc.) que Dios nos ha provisto. En este paso, pedimos que Dios revele no sólo nuestro comportamiento sino también nuestra actitud sobre nuestros recursos financieros y materiales. La avaricia es el deseo de tener más y más o de tener más de lo que realmente necesitas.

La codicia es el anhelo de poseer aquello que otros tienen. La envidia es un sentir de insatisfacción o resentimiento por la situación de otra persona.

Comienza con esta oración:

Querido Padre celestial

Gracias que tú provees abundantemente todos los recursos que necesito mediante tu hijo Jesucristo. Tú has dicho que el amor al dinero es la raíz de toda clase de males (1 Timoteo 6:10). Es por eso que nos pides que seamos libres del amor al dinero y que nos contentemos con lo que tenemos (Hebreos 13: 5). Has prometido que si buscamos primero tu reino, tú añadirás todo lo demás que necesitamos (Mateo 6:33). Confieso que no siempre he hecho esto. Al contrario, he pecado al caer en avaricia, envidia y codicia. También he pecado al no ser un buen administrador de los recursos económicos y materiales que me has provisto.

Ahora te pido que me reveles todas y cada una de las maneras en que he pecado con respecto al dinero, para arrepentirme por completo. En el nombre de Jesús. Amén.

Formas en las que podemos pecar con respecto al dinero, como líderes:

- ☐ No vivir dentro de mis posibilidades o de acuerdo a un presupuesto
- ☐ No pagar mis tarjetas de crédito cada mes o acumular un saldo elevado en mis tarjetas de crédito, sin posibilidad pagarlo
- ☐ Acumular grandes cantidades de deuda por compras
- ☐ Tomar artículos pequeños de mi lugar de trabajo para mi uso personal
- ☐ No presentar o pagar mis impuestos a tiempo y en su totalidad
- ☐ Tratar de disimular problemas de dinero que pueda estar teniendo
- ☐ No administrar bien los recursos que Dios me ha dado (por ejemplo, no hacer el mantenimiento de mi automóvil o casa, no cuidar de mi computadora y teléfono, etc.)
- ☐ Usar o gestionar los recursos financieros de mi lugar de trabajo sin transparencia y los controles financieros apropiados
- ☐ No insistir en que los demás usen controles financieros apropiados y buena gestión de los recursos comunes (en casa, en el lugar de trabajo, o en la iglesia)
- ☐ Ignorar las prácticas financieras que sé que están mal (mías, en el hogar, en el lugar de trabajo o en la iglesia)
- ☐ Sentirme molesto o a la defensiva cuando me piden que rinda cuentas de mis actividades y gastos económicos

- ☐ No asegurarme cada mes de que mis cuentas del banco cuadren.
- ☐ Sucumbo a la «terapia de consumo» o a comprar artículos de lujo
- ☐ Me da envidia o codicio los recursos de amigos, compañeros de trabajo o líderes en situaciones similares a la mía
- ☐ Me resulta difícil compartir mi necesidad económica con personas que podrían ayudarme
- ☐ No logro dar mis diezmos y ofrendas tal como Dios me ha instruido
- ☐ Paso mucho tiempo pensando y preocupándome por asuntos de dinero
- ☐ Me preocupo demasiado por obtener la remuneración económica que creo que merezco
- ☐ Siento que tengo el derecho a un cierto nivel de remuneración económica
- ☐ Otras formas que Dios me muestre:

Responde a lo que Dios te ha mostrado con esta oración:

Querido Padre celestial

Gracias por las riquezas de tu bondad hacia mí, que me llevan a dejar atrás el pecado. Confieso que he pecado con respecto al dinero de las siguientes formas: _____ (menciona cada una). Gracias que en Jesucristo tengo perdón. Decido alejarme de mi pecado y ser un buen mayordomo de los recursos económicos y materiales que me has confiado como persona y como líder. Ayúdame a ser fiel en lo poco, para que pueda recibir mucho y usarlo para tu Reino (Lucas 16: 10–12) Por Jesús, mi Señor. Amén.

Parte 2 — Sexo

En esta sección, no buscamos abordar todas las formas en que hemos pecado con respecto al sexo, más bien nos enfocamos principalmente en el contexto de nuestro liderazgo. Sin embargo, es importante que nos arrepintamos de todo acto sexual inmoral de acuerdo con la Biblia y que nos aseguremos de resolver todo asunto personal y espiritual pendiente con respecto a nuestra sexualidad. (Ver los Pasos hacia la Libertad en Cristo, Paso 6, para saber cómo resolver problemas relacionados con la inmoralidad sexual) En este paso, le pedimos a Dios que nos revele nuestros comportamientos y actitudes con respecto a los asuntos sexuales.

Ora de la siguiente manera:

Querido Padre celestial,

Gracias por el hermoso regalo del sexo, el cual nos diste para ejercerlo de acuerdo a tu Palabra dentro del pacto del matrimonio entre un hombre

y una mujer. Reconozco que la inmoralidad sexual incluye una serie de pecados que debilitan nuestra relación contigo y con los demás. Confieso que arruina nuestra capacidad de liderar como cristianos. Ahora te pido que me reveles todo pecado sexual en pensamiento, palabra o acción para arrepentirme de estos pecados sexuales y romper sus ataduras. En el nombre de Jesús. Amén.

Formas en las que podemos pecar como líderes con respecto al sexo:

- ☐ Tener pensamientos lujuriosos sobre mis compañeros de trabajo o las personas que lidero
- ☐ Mirar con lujuria a los compañeros de trabajo o a las personas que lidero
- ☐ Ver pornografía
- ☐ Pasearme por los canales de televisión o navegar por Internet cuando estoy cansado o estresado
- ☐ Ver películas y programas de televisión con un fuerte contenido sexual
- ☐ Soñar despierto con actividad sexual inmoral
- ☐ Me dan ganas de pasar tiempo con personas del otro sexo (con quienes no estoy saliendo o casado), especialmente a solas
- ☐ No tomarse el tiempo de desarrollar amistades saludables con personas del mismo sexo
- ☐ Pensar demasiado en relaciones del pasado, especialmente si hubo contacto sexual inmoral
- ☐ Entretener tentaciones hacia la homosexualidad o la pedofilia
- ☐ No prestar suficiente atención y esfuerzo para nutrir la relación sexual con mi cónyuge
- ☐ Usar el sexo con mi cónyuge para satisfacer mi lujuria pecaminosa
- ☐ Otras formas que Dios me está mostrando:

Después de revisar esta lista, elije arrepentirte con esta oración:

Querido Padre celestial,

Admito que no siempre he ejercido autocontrol y obediencia a ti y a tu palabra con respecto a mi sexualidad. Confieso que he pecado contra ti al _____ (menciona cada uno). Renuncio a todos estos pecados sexuales y reconozco toda participación voluntaria. Elijo ahora presentar mis ojos, boca, mente, corazón, manos, pies y órganos sexuales a ti como instrumentos de justicia. Te presento todo mi cuerpo como un sacrificio vivo, santo y agradable. Elijo reservar el uso sexual de mi cuerpo exclusivamente para el matrimonio (ver Hebreos 13: 4). Rompo toda atadura de pecado que haya creado con un compañero de trabajo o seguidor en mi corazón o por mi comportamiento. En el nombre del Señor Jesucristo, cancelo todo efecto del pecado sobre mi liderazgo y reclamo todo terreno que haya cedido al diablo. Gracias por perdonarme y limpiarme totalmente y que me amas y me aceptas tal como soy. Por lo tanto, elijo ahora presentarme a ti en cuerpo y alma como limpio ante tus ojos. En el nombre de Jesús. Amén.

Parte 3 — Poder

El poder es un concepto complejo en el liderazgo. Los líderes tienen autoridad sobre y responsabilidad con la gente para que ellos puedan experimentar la voluntad de Dios para ellos. Sin embargo, como líderes a menudo usamos nuestra autoridad y responsabilidad como un medio para controlar y manipular a los demás. Los líderes suelen caer en esto de vez en cuando, involuntariamente. Algunos líderes eligen conscientemente controlar a los demás. Algunos líderes intentan controlar a otros porque les gusta estar en una posición de poder e influencia. Otros líderes intentan controlar a la gente por temor y para protegerse a sí mismos. Algunas personas buscarán puestos de liderazgo para usarlos en su esfuerzo para alcanzar sus propios deseos o su propia agenda.

En esta sección, le pedimos a Dios que nos revele las formas en que hemos intentado controlar o manipular a las personas a través de nuestro liderazgo.

Empieza con esta oración:

Dios todopoderoso, eres el Soberano Señor de toda la creación. Sabemos que nada está fuera del control de tu Hijo Jesucristo, a pesar de que no siempre sea evidente que todo esté bajo su control. Señor Jesús, tú sostienes el universo con tu poder. Como tu pueblo, el poder que tenemos proviene de tu Espíritu Santo y de la rectitud. Tu poder obra en nosotros y nos permite vivir plenamente para ti. No nos has dado poder sobre los demás. Es el amor de Cristo que nos compele, pero tú no nos permites dominar a otros. Al contrario, nos llamas al dominio propio.

Confieso que he usado mi liderazgo para obtener o ejercer poder sobre los demás.

Me arrepiento de este pecado y te pido que me reveles todas aquellas maneras en las que he usado mi liderazgo para controlar a las personas.

Por favor, revélame todas las maneras en las que me he intoxicado con mi posición de poder sobre los demás. En el nombre de Jesús. Amén.

(Ver Hebreos 2: 8; Hebreos 1: 3; 2 Timoteo 3: 5; 2 Timoteo 1: 7; Efesios 3:20; 2 Corintios 5:14.)

Formas en las que podemos pecar como líderes con respecto al poder y el control:

- ☐ Esperar (o intentar obligar) a las personas a seguirme debido a mi posición, título, grados o logros
- ☐ Usar la culpa o la vergüenza para persuadir a otros a hacer lo que yo creo que es correcto
- ☐ Usar versos bíblicos como «No toquéis a mis ungidos» (Salmo105: 15) para defenderme o persuadir a otros
- ☐ No compartir información que me piden o que es necesaria de manera abierta y oportuna
- ☐ Retener información pertinente que necesitan mis compañeros de trabajo o seguidores
- ☐ Actuar o hablar de manera engañosa para controlar a otros o protegerme
- ☐ Invertir tiempo y energía intentando controlar gente y situaciones, en lugar de ejercer dominio propio
- ☐ Usar lenguaje severo o crítico con otros, especialmente cuando quiero que hagan algo
- ☐ Amenazar a los demás con malas consecuencias para salirme con la mía
- ☐ Amenazar con mi renuncia o retirada para salirme con la mía
- ☐ Tener la tendencia de pensar que mi manera de hacer las cosas es la correcta
- ☐ Otorgar responsabilidad a la gente pero esperar que lo lleven a cabo a mi manera
- ☐ No permitir, de manera activa o pasiva, que otras personas asuman responsabilidades de liderazgo cuando es justo y necesario
- ☐ No dar a las personas acceso abierto a los recursos necesarios para cumplir con sus responsabilidades completa y oportunamente
- ☐ Brindar información diferente a diferentes personas sobre la misma actividad, responsabilidad o situación
- ☐ Usar reglas, pólizas o la Biblia de manera que sofoca la discusión e intenta forzar a la gente a escucharme u obedecerme
- ☐ Usar frases como «porque lo digo yo» o «me lo dijo el Señor» cuando la gente pregunta sobre mis decisiones u opiniones
- ☐ Usar lenguaje técnico, oscuro o complicado para persuadir a la gente de que tengo la razón
- ☐ Ser duro, crítico o abusivo con otros, especialmente si no están de acuerdo conmigo
- ☐ Asumir la responsabilidad de la obediencia y el discipulado de otra persona.
- ☐ Otras formas que Dios revele:

Ora lo siguiente:

> **Dios Todopoderoso,**
>
> Confieso que he usado mi liderazgo para controlar a las personas y las situaciones. En particular, confieso _____ (menciona cada una). Renuncio a toda forma de usar el liderazgo para controlar a otros, especialmente aquellas que he mencionado. Gracias porque en Jesús tengo perdón. Reclamo todo terreno ganado en mi vida a través de mi pecado en esta área. Elijo liderar como Jesús, que por nuestro bien se vació y se hizo nada, convirtiéndose en el siervo de todos (Filipenses 2: 5). Lléname de tu Espíritu Santo, para que pueda vivir para ti. En el nombre de Jesús. Amén.

Paso seis: Renuncia al orgullo, a la autoprotección y a la ambición egoísta en el liderazgo

Este paso aborda tres áreas clave que afectan al liderazgo profundamente: el orgullo, el estar a la defensiva y la ambición egoísta. Estos tres factores son culpables de la falta de unidad, no sólo en la Iglesia sino también en el lugar de trabajo.

Estos factores también causan mucha disfunción y trastornos tanto entre líderes como entre seguidores. Evitan que las personas y los sistemas humanos trabajen juntos de manera eficaz en beneficio de la sociedad.

Parte 1 – El orgullo

El orgullo es uno de los grandes pecados del liderazgo. El orgullo supone tener un alto concepto de uno mismo o de la importancia de uno, lo cual se manifiesta de diversas maneras.

El orgullo a menudo lleva a los líderes a situaciones en las que la gente les resiste, les opone o se ofende. El orgullo siempre nos coloca en oposición a Dios. Si no se le pone freno, el orgullo avanza como un cáncer en el liderazgo, carcomiéndolo hasta que muere. Incluso los libros y los expertos seculares en materia de liderazgo reconocen el poder destructivo del orgullo en un líder.

Comienza con la siguiente oración:

> **Querido Padre Celestial,**
>
> Tú has dicho que al orgullo le sigue la destrucción, y a la altanería, el

fracaso. Como líder, confieso que a menudo me he dado más importancia de la que tengo. He querido ser el primero y no el último. He elegido servirme a mí mismo, buscando mis propios deseos y disfrazándolo de servicio a los demás. Como resultado, he cedido terreno al diablo en mi vida y he puesto en peligro mi liderazgo. He pecado al creer que yo puedo conocer y decidir lo que conviene a los demás por mi cuenta.

Al hacerlo, he puesto mi voluntad por delante de la tuya y me he convertido en el centro de mi vida en lugar de que lo seas tú.

Me arrepiento de mi orgullo y egoísmo en el liderazgo y te pido que todo terreno que yo haya cedido a los enemigos del Señor Jesucristo sea recuperado. Decido confiar en el poder y la dirección del Espíritu Santo y no haré nada por egoísmo o vana presunción. Con humildad intentaré liderar en el Espíritu Santo con el amor y la gracia de Jesús.

Por favor, muéstrame cada forma en la que he liderado con orgullo.

Permíteme servir a los demás por amor y preferir a los demás con honor.

Pido todo esto en el nombre manso y humilde de Jesús, mi Señor. Amén.

(Ver Proverbios 16:18; Mateo 6:33; 16:24; Romanos 12:10; Filipenses 2: 3).

Permite que el Espíritu Santo te muestre toda forma en la que el orgullo ha infectado tu liderazgo. A medida que el Señor te recuerde áreas de orgullo, usa la oración que sigue para guiarte en tu confesión.

Formas en que el orgullo puede manifestarse en el liderazgo:

- ☐ Tener o demostrar una intención obstinada y tenaz de hacer lo que yo considero que es lo mejor
- ☐ Liderar desde mi propia comprensión y experiencia en lugar de buscar pacientemente la dirección de Dios a través de la oración y de su Palabra
- ☐ Liderar desde mi propia energía y esfuerzo en lugar de depender del poder del Espíritu Santo
- ☐ Liderar de maneras que controlan o manipulan a los demás en lugar de ejercitar el dominio propio
- ☐ Mostrar impaciencia cuando se trata de lograr cambio u obtener los resultados que quiero en mis contextos de liderazgo
- ☐ Estar demasiado ocupado como líder con cosas importantes, como para tomar el tiempo de hacer pequeñas cosas para los demás
- ☐ Tener la tendencia de pensar que no necesito la ayuda de nadie para liderar

- ☐ Que me cueste admitir cuando me equivoco
- ☐ Estar más preocupado por agradar a las personas que por agradar a Dios con mi liderazgo
- ☐ Estar preocupado por obtener el reconocimiento que siento que merezco como líder
- ☐ Pensar que como líder soy más humilde, espiritual, religioso o devoto que los demás
- ☐ Estar motivado por obtener reconocimiento por mis habilidades de liderazgo, especialmente por el tamaño o alcance de mis responsabilidades
- ☐ Sentir que mis necesidades son menos importantes que las de los demás, por lo que debo sacrificarme
- ☐ Sentir que otros no tienen el mismo nivel de compromiso o capacidad de liderazgo que yo
- ☐ A menudo siento que si no hago algo como líder, entonces nadie lo hará
- ☐ Pensar que sin mi esfuerzo como líder, las cosas se desmoronan
- ☐ Pensar que soy mejor que otros por mis logros o posición como líder
- ☐ Otras formas en las que he tenido un concepto de mí mismo más alto del que debería tener:

Por cada una de las áreas que se aplican a tu vida, ora:

Señor, reconozco que he sido orgulloso al _____ (menciona cada una). Gracias por perdonarme por mi orgullo. Decido renunciar al orgullo y humillarme ante ti y ante los demás. Decido depositar toda mi confianza en ti y no en mi carne En el nombre de Jesús. Amén.

Parte 2 —Defendernos incorrectamente

Estar a la defensiva puede ser otra señal de orgullo en un líder, o puede reflejar que el líder intenta derivar su importancia, seguridad o aceptación del liderazgo. Estar a la defensiva siempre es problemático: si hemos hecho algo mal, no tenemos defensa; si no hemos hecho nada malo, no necesitamos defensa alguna porque Dios nos defenderá. Estar a la defensiva siempre socava el liderazgo, porque mina la confianza de los demás en el líder. Ora de este modo:

Querido Padre celestial

Tú has prometido ser mi refugio y mi fortaleza. Por tu gracia, tú me rodeas y me defiendes. Reconozco que no siempre he confiado en ti como mi defensor. Al contrario, por orgullo o inseguridad, a menudo me ha costado

como líder admitir que estaba equivocado o que había cometido un error.

Me he resistido cuando alguien ha intentado mostrarme mis fallos de acuerdo con tu palabra. He optado por defenderme inapropiadamente. Al hacerlo, he hecho daño a los demás y a mí mismo y te he ofendido. Por favor revélame toda manera en la que no he confiado en ti al intentar defenderme equivocadamente. En el nombre de Jesús. Amén.

Formas en las que nos defendemos erróneamente:

- ☐ Pensar o fingir que no he hecho nada malo
- ☐ Pensar o fingir que mi comportamiento es mejor de lo que realmente es
- ☐ Enfocarme en mis motivaciones más nobles y los comportamientos más bajos de los demás
- ☐ Negar o distorsionar la realidad, la evidencia o la verdad
- ☐ Buscar refugio en actividades de ocio, drogas, alcohol o comida
- ☐ Intentar representarme de manera más favorable que los demás
- ☐ Retirarse del contacto social o mantenerse distante
- ☐ Tener una regresión a épocas menos desafiantes o a actitudes y conductas inmaduras
- ☐ Mostrar ira desplazada o irritabilidad
- ☐ Proyectar mis problemas sobre los demás; culpar a los demás por mis problemas; cambiar el enfoque hacia los demás
- ☐ Racionalizar mi conducta o mis circunstancias
- ☐ Mentir, disfrazar la verdad u ofrecer verdades parciales
- ☐ Presentar una imagen falsa de mí mismo o de mis motivaciones
- ☐ Presentar mis motivaciones, conductas, actitudes y situaciones de manera engañosa o que me hacen ver mejor de lo que soy
- ☐ Adoptar un complejo de mártir
- ☐ Adoptar un complejo mesiánico
- ☐ Adoptar un complejo de ermitaño
- ☐ Mostrar falta de apertura y transparencia
- ☐ Negarme a confiar en los demás y empoderarles
- ☐ Otras formas que el Espíritu Santo te muestre:

A la luz de lo anterior, ora de este modo:
Señor misericordioso,
Confieso que me he defendido erróneamente al _____ **(menciona cada una).**

Gracias por tu perdón. Elijo confiar en ti para defendermes y protegeme. En el nombre de Jesús. Amén.

Parte 3 —Ambición egoísta, envidia y celos

La envidia, los celos y la ambición egoísta son tres pecados relacionados. Nos llevan a compararnos inútilmente con los demás y a la competencia indebida. Estos pecados están relacionados con el pecado del orgullo (ver Filipenses 2: 3). En cierto sentido, los celos son una intensificación de la envidia, y la ambición egoísta es una intensificación de celos. Esta parte del Paso intenta revelar estos pecados en nuestra vida para que podamos arrepentirnos.

Hay cuatro fuentes principales de envidia, celos y ambición egoísta. Primero, el sentir o temer que uno está siendo desplazado con respecto a sus relaciones con otros o con respecto a su estatus (posición o influencia) en su contexto de liderazgo. Segundo, sentirse inseguro (o depositar nuestro sentido de seguridad en alguien que no es Jesús) puede conducir a estos pecados. En tercer lugar, podemos sentir que tenemos el derecho a algo, que nos lo merecemos (especialmente algo que otro tiene) debido a nuestro esfuerzo.

Finalmente, estos pecados pueden ser el resultado de no estar dispuesto a esforzarse por —o buscar un atajo para— obtener lo que uno quiere. Todos estos fluyen del orgullo y la vanidad. Todos se pueden corregir al depositar nuestro sentido de importancia, seguridad y aceptación en Jesús y no en nuestro liderazgo.

La Envidia

La envidia es un sentir de inconformidad o molestia por la situación de otra persona – sus posesiones, cualidades o circunstancias, incluso las bendiciones de Dios.

La envidia está relacionada con la codicia. La envidia supone querer lo que otro tiene. A la larga, buscará destruir a la persona a quien se envidia. La envidia conduce a rivalidades, divisiones y disputas (ver Marcos 15:10; Gálatas 5: 18–21;Filipenses 1:15).

Ora de este modo:

> **Querido Padre celestial**
>
> **Tú has prometido satisfacer todas nuestras necesidades de acuerdo con tus riquezas en gloria en Cristo Jesús. Tú nos mandas a no codiciar lo que otros tienen, ya sean relaciones o propiedades, talentos o recursos. Tal envidia es una obra de la carne, no del Espíritu. Confieso qué como líder a menudo he envidiado lo que otros líderes tienen. Te pido que me reveles toda forma en la que he envidiado a los demás, para poder**

arrepentirme. En el nombre de Jesús. Amén.

(Ver Filipenses 4:19; Éxodo 20:17; Gálatas 5:21.)

Algunas formas en las que envidiamos como líderes:

- ☐ Anhelar los recursos económicos de otra persona
- ☐ Anhelar los recursos materiales de otra persona
- ☐ Sentir que si sólo tuviera lo que otro tiene, entonces tendría éxito o sería feliz
- ☐ Anhelar las relaciones sociales de otra persona
- ☐ Anhelar ser como otra persona en cuanto a talentos, habilidades, dones espirituales, destrezas
- ☐ Anhelar la posición de liderazgo de otro
- ☐ Sentirme molesto hacia los demás por lo que tienen
- ☐ No sentirme satisfecho con lo que Dios me ha provisto
- ☐ Sentir que yo necesito esforzarme más para obtener lo que otros tienen
- ☐ Otras formas que el Espíritu Santo te muestre:

Una vez que hayas considerado estos elementos, ora de la siguiente manera:

Dios misericordioso

Confieso que he pecado al envidiar a los demás. En concreto, he tenido envidia hacia otros al: _____ (menciona cada forma). Me arrepiento de mi envidia. Gracias porque en Jesús tengo perdón. Te pido que me limpies de la mancha de la envidia. Decido confiar en ti y regocijarme en tu provisión para mí. Decido estar satisfecho con lo que tengo, sabiendo que tú usarás lo que tengo para glorificar a tu Hijo Jesús. Lo pido en su nombre. Amén.

Los celos

Los celos suponen sentir o mostrar molestia hacia alguien debido a sus logros, éxitos, ventajas percibidas o relaciones. Mientras que la envidia se enfoca en lo que otro tiene, los celos se enfocan en la otra persona. Al igual que la envidia, los celos generalmente conducen a disputas y conflictos.
Si no se controlan, los celos se convierten en un fervor vicioso dirigido hacia otra persona.

(Hay celo santo, basado en la fidelidad del pacto. Se incita al celo santo cuando alguien entrega la lealtad y el afecto que le pertenece a aquel con quien tiene el pacto a alguien fuera del pacto. Por ejemplo, cuando el pueblo de Dios adora a ídolos o cuando una esposa siente afecto por un hombre que no es su esposo. Ver Éxodo 20:5).

Comienza con esta oración:

Santo Dios,

Tu Palabra dice que eres un Dios celoso, que nos llama a ser fieles en nuestro amor por ti. A la vez, Tu Palabra dice que los celos en nosotros son obra de la carne que conduce a discusiones y disensiones. Confieso que a menudo he sentido molestia hacia otros líderes debido a sus posiciones y logros. Incluso a veces he albergado hostilidad hacia ellos. Eso es pecado. Por favor revélame todas las formas en las que he tenido celos y todas las personas de las cuales he estado celoso, para poder arrepentirme. Por medio de Jesucristo, mi Señor. Amén.

Formas en las que podemos ser celosos como líderes:

- ☐ Sentir que si tuviera las mismas ventajas que otros líderes, entonces tendría sus logros
- ☐ Tener molestia hacia otras personas debido a las relaciones que tienen o gozan
- ☐ Sentir molestia hacia los demás porque tienen una ventaja injusta
- ☐ Sentirme inconforme por el éxito de los demás
- ☐ Secretamente tener el deseo de que otro líder falle
- ☐ Sentirme insatisfecho con Dios por la relación que otros parecen disfrutar con él
- ☐ Otras formas que el Espíritu Santo te muestre:

Las personas hacia quienes he tenido celos:

Escribe los nombres de las personas y organizaciones que el Señor te muestre.

Después de reflexionar sobre tus respuestas, haz esta oración:

Dios Todopoderoso,

Confieso que he cometido el pecado de los celos. Confieso que he sido celoso de _____ (menciona cada uno). Gracias que en Jesucristo tengo perdón. Límpiame por completo del pecado de los celos.

Ahora te pido que bendigas abundantemente a todos aquellos de quienes he tenido celos:_____ (menciona las personas). Te pido que sanes toda

relación afectada por mis celos, especialmente mi relación con _____ (menciona cada uno).

Gracias por salvarme por tu gracia. Gracias por quien soy en tu Hijo Jesucristo. Gracias porque soy tu hijo y me amas total y completamente. Me regocijo en tu amor por mí. Decido caminar en las buenas obras que has preparado para mi. Ayúdame a amarte fielmente. En el nombre de Jesús. Amén.

Ambición egoísta

El fervor o la ambición pueden ser una característica positiva en un líder. Los líderes con un sentido de ambición saludable intentarán lograr grandes cosas para Dios, para las personas y para sus organizaciones Tal fervor es una cualidad sana que motiva a los líderes hacia la excelencia. A los líderes con un sentido saludable de ambición no les importa quién obtiene el reconocimiento siempre y cuando se logren los resultados que Dios quería. Los líderes con un fervor saludable pondrán a los demás por delante y promoverán su bienestar.

La ambición egoísta no es lo mismo que la ambición saludable. La ambición egoísta es un deseo de proyectarse como merecedor de algo que otro tiene. Fluye de la envidia y de los celos. Busca el bien propio en lugar de servir a los demás. La ambición egoísta es un espíritu partidista y disidente que no escatimará medios para salirse con la suya y salir por delante. Por eso la ambición egoísta siempre conduce a un sentido de rivalidad y competitividad perversa hacia los demás. La ambición egoísta siempre es destructiva y deriva en prácticas perniciosas (ver Santiago 3: 14-16). Cuando los líderes sufren de ambición egoísta, terminan destruyéndose a sí mismos, a otras personas y a veces a las organizaciones que lideran.

Ora de esta manera para discernir la ambición egoísta en tu vida:

Padre amoroso,

Nos has dicho que no hagamos nada por egoísmo o vanidad, pero con humildad consideremos a los demás como superiores (Filipenses 2: 3). Sé que en Cristo soy importante. Sin embargo, he buscado repetidamente mi sentido de importancia en otras cosas. Confieso que a menudo he buscado mi sentido de importancia en comparación y en competencia con otros líderes He permitido que la envidia o los celos me lleven a un espíritu de rivalidad. Eso es pecado. Por favor, muéstrame todas las formas en las que he sido egoísta, para arrepentirme. Revélame también todas aquellas personas con quienes he tenido una rivalidad malsana y competitividad. Por Jesús mi Señor. Amén.

Diferentes maneras en las que la ambición egoísta se manifiesta en nuestra vida:

- ☐ Un fuerte impulso de competitividad con respecto a algo que normalmente no es competitivo
- ☐ Esforzarte por superar a otra persona
- ☐ Actuar de manera que enfrentas a las personas una en contra de la otra o de manera que crea desunión
- ☐ Compararse con otros en cuanto a números y cantidades (ej. presupuesto, número de miembros)
- ☐ Pensar que soy importante porque tengo un _____ (ministerio, presupuesto, carga de trabajo, membresía, etc.) más grande que otro líder
- ☐ Hablar o actuar de manera que critica, socava, menosprecia, burla o hace daño a otro líder o a su organización, ministerio, logros, etc.
- ☐ Hablar o actuar de manera que hace daño a las relaciones de otro líder
- ☐ Otras maneras que el Espíritu Santo te muestre:

Apunta todos los líderes y organizaciones con los que has desarrollado rivalidad malsana o competitividad:

En base a tus respuestas, haz esta oración:

Dios misericordioso

Aunque he sido creado y llamado por ti para el liderazgo, no he liderado como tú deseas. Reconozco que no he liderado con la sabiduría que es pura, pacífica, bondadosa, dócil, llena de compasión y de buenos frutos, imparcial y sincera (Santiago 3: 14-17). Al contrario, he albergado una ambición egoísta en mi corazón al: _____ (menciona cada una). De todas estas maneras he intentado promoverme y avanzar mi propia agenda. No he servido a los demás sino que les he hecho daño con mi competitividad y rivalidad. Gracias que en Cristo tengo perdón. Te pido que me limpies completamente de todo rastro de ambición egoísta. Te pido que bendigas y des éxito a todos los líderes a mi alrededor, en particular a _____ (menciona cada uno). Te pido que sanes todo daño que yo haya causado por mi ambición egoísta. Por la gracia de Jesús. Amén.

Puede que el Espíritu Santo te pida que busques a ciertos líderes hacia quienes hayas demostrado rivalidad y egoísmo para buscar reconciliarte y bendecirles.

Termina este Paso con esta declaración:

> Aquí y ahora, en el nombre y la autoridad del Señor Jesucristo, yo renuncio a toda envidia, celos y ambición egoísta. Decido regocijarme en la provisión de Dios para mí, en ser la persona que Dios diseñó como su hijo, y en el lugar al cual Dios me llamó y colocó como líder (Lucas 10:20). En el nombre de Jesús, reclamo todo terreno cedido a Satanás en mi vida, en mi liderazgo, en mi ministerio, en mi trabajo y en las organizaciones de las cuales soy parte debido a mi envidia, celos y ambición egoísta. En el nombre de Jesús, rompo toda atadura impía que he creado con personas _____ (menciona las que te vengan a la mente) a través de la envidia, los celos y la ambición egoísta.
>
> Con humildad, elijo considerar a los demás como superiores. Elijo honrar a Dios y honrar a otros líderes. Elijo descansar en la soberanía de Dios sobre mi vida y mi liderazgo, regocijándome de que mi nombre está escrito en el cielo Amén.

Paso siete: Elegir la fe para liderar

La incredulidad es otro pecado que actúa como un cáncer en el liderazgo. La incredulidad no es lo mismo que la duda. La duda, una sensación de incertidumbre, es común a todo ser humano. La Biblia nos manda a ser misericordiosos con los que dudan (Judas 22). La incredulidad es lo contrario de la fe, es resistente y hostil hacia la fe. La incredulidad mina nuestra confianza en Dios y nos aleja de la verdad. La incredulidad ciega nuestra mente y endurece nuestro corazón. Como líderes debemos arrepentirnos de nuestra incredulidad y ser transformados mediante la renovación de nuestra mente.

La fe es un estado de confianza y una acción de creer basados en la fiabilidad de aquello en lo que confiamos. La fe depende de una relación con el objeto de la fe. (En el nuevo Testamento, los términos «fe», «creer» y «confiar» suelen derivar de la misma palabra, que puede ser sustantivo o verbo.) La fe nunca es ciega, sino que depende completamente de la fiabilidad, capacidad y naturaleza del objeto de la fe. La fe en sí misma no tiene poder alguno; su efecto fluye del poder y de la naturaleza del objeto de la fe.

En el liderazgo, la seguridad saludable fluye de una fe en Dios que abre nuestro corazón y mente a la gama de posibilidades de la acción de Dios en nuestro contexto de liderazgo. Tener fe en Dios al liderar —da igual si el contexto es la Iglesia o el mercado— nos despierta a las sorpresas de la providencia de Dios en nuestra vida y al potencial de Dios de obrar en toda situación para el beneficio de todos. La fe aviva nuestro liderazgo con gozo y esperanza.

Comienza a identificar la incredulidad en tu vida con esta oración:

Querido Padre celestial,

Nos has advertido que evitemos desarrollar un corazón incrédulo que nos alejaría de ti (Hebreos 3: 12). Nos has mandado a exhortarnos los unos a los otros y a permitir que tu Palabra nos exhorte diariamente, para que el engaño del pecado no nos endurezca. Nos has desafiado a mantener nuestros ojos fijos en Jesús para mantener la confianza a lo largo de nuestra vida (Hebreos 12: 1 y sig.). Aunque he sido salvo por gracia mediante la fe en Jesucristo, fe que tú me has dado, no siempre he aplicado esa fe a mi vida diaria. Siendo creyente, a menudo he vivido como un incrédulo en la práctica. Aunque soy un líder cristiano, a menudo he liderado sin remitirme a ti. Por favor, revélame todas las formas en las que la incredulidad ha infectado mi vida, para arrepentirme. En el nombre de Jesús. Amén.

La incredulidad suele manifestarse de estas formas:

Falta de oración

- ☐ No tomo el tiempo todos los días para leer la Biblia y orar.
- ☐ Mi oración diaria no es lo que Dios quisiera
- ☐ Cuando me encuentro con alguien que está mal, orar por ellos no es lo primero que me viene a la mente o mi primera respuesta.
- ☐ No intercedo por los demás a diario.
- ☐ A menudo olvido orar por alguien cuando he ofrecido hacerlo.
- ☐ No oro regularmente para que la gente se convierta a Cristo.
- ☐ Cuando doy gracias por la comida, a menudo oro más largo de lo que debería
- ☐ No oro regularmente por quienes lidero.
- ☐ No siempre oro antes de tomar decisiones importantes de liderazgo.
- ☐ No oro regularmente para que Dios lleve a cabo su visión para mi vida, ministerio, trabajo o liderazgo.
- ☐ No pido a otros que oren por mí como líder.
- ☐ No tengo clara la visión de Dios para mi vida, ministerio, trabajo o liderazgo.
- ☐ Otras formas en las que Dios te revele la falta de oración:

Si marcas cuatro o más áreas, la falta de oración es un problema para ti.

Estar atareado y andar con prisa

- ☐ A menudo me siento estresado porque tengo demasiadas cosas que hacer.
- ☐ A menudo me doy cuenta que camino o conduzco más rápido de lo que debería.
- ☐ La gente suele sentirse estresada y apurada cuando está conmigo.
- ☐ La gente suele sentir que estoy demasiado ocupado y no tengo tiempo para ellos.
- ☐ Derivo una cierta satisfacción personal de estar muy atareado.
- ☐ Si no estuviera tan atareado, no sabría qué hacer conmigo mismo.
- ☐ A menudo descubro que he programado demasiadas citas en un día.
- ☐ Me cuesta decir que no a nuevos compromisos y responsabilidades, especialmente si me gustan.
- ☐ No tengo el tiempo de tener detalles hacia las personas más cercanas a mí.
- ☐ Repetidamente fallo en cumplir con mis promesas y compromisos hacia los demás y hacia mí mismo.
- ☐ A menudo me doy cuenta que intento hacer que las cosas funcionen.
- ☐ A menudo me siento frustrado e irritable, especialmente cuando pienso en todo lo que tengo que hacer.
- ☐ Rara vez me alejo de mi vida atareada para orar y buscar a Dios.
- ☐ Otras formas que Dios te revele:

Si marcas cuatro o más áreas, el estar atareado e ir con prisa es un problema para ti.

No descansar

- ☐ Me cuesta bajar el ritmo.
- ☐ A menudo no tengo o no me tomo un día libre cada semana.
- ☐ No practico ningún tipo de «Shabbat».
- ☐ No siempre tomo todas mis vacaciones, o tiendo a tomarlas por unos pocos días a la vez
- ☐ Suelo acostarme demasiado tarde.

- ☐ Generalmente no duermo las horas que debería.
- ☐ No hay muchas actividades que yo disfrute aparte de mi trabajo o ministerio.
- ☐ No tengo tiempo suficiente para las personas más cercanas a mí.
- ☐ Otras formas que Dios te revele:

Si marcas tres o más elementos, la falta de descanso es un problema para ti.

Poner el ministerio o el trabajo por delante de la relación con Dios (Idolatría)

- ☐ Aunque me cueste mucho admitirlo, a menudo dedico tanto tiempo al ministerio o al trabajo que me falta tiempo para orar, adorar y leer la Biblia.
- ☐ A veces la gente me dice que sienten que pongo mi ministerio o mi trabajo por delante de ellos.
- ☐ Paso tanto tiempo llevando a cabo el ministerio que me resulta difícil recibir el ministerio de otros.
- ☐ Si alguien examinase mi vida, especialmente cómo distribuyo mi tiempo, les costaría ver que el orden de mis prioridades es: Dios en primer lugar y mi familia en el segundo lugar.
- ☐ A menudo siento molestia hacia quienes quieren pasar tiempo conmigo, especialmente aquellos cercanos a mí.
- ☐ A menudo siento condenación o culpa porque no he pasado tiempo con Dios.
- ☐ Otras cosas que Dios te revele:

Si marcaste tres o más elementos, probablemente estás poniendo tu ministerio o trabajo por delate de tu relación con Dios.

Otras manifestaciones de incredulidad:

- ☐ Me cuesta aceptar que lo que Dios dice en la Biblia es verdad, especialmente para mi.
- ☐ Si ordenara mi vida según la Biblia, tendría dificultades para sobrevivir en este mundo
- ☐ Me es más fácil aplicar la Biblia a mi vida personal que a mi vida profesional.
- ☐ A menudo siento que la Biblia funciona para otros pero no funciona para mi.
- ☐ A menudo pienso que Dios no me usará porque no oro lo suficiente, no

conozco la Biblia lo suficientemente bien, no soy lo suficientemente santo o (indica la razón).
- ☐ Los dones, habilidades o talentos espirituales de otras personas son más valiosos para avanzar el reino de Dios que los míos.
- ☐ Generalmente no siento que mi liderazgo, ministerio o trabajo marquen una diferencia para Dios o para los demás.
- ☐ Debido a mis pecados y errores pasados, Dios no me usará como Él usa a otras personas.
- ☐ Otras formas en las que Dios puede revelarte incredulidad:

Si marcaste alguno de los puntos anteriores, es posible que la incredulidad sea un problema para ti.

Apártate de la incredulidad con esta oración:

> **Querido Padre celestial:** Debido a la incredulidad, tu Hijo Jesús no pudo hacer ninguna obra poderosa en Nazaret. Debido a mi incredulidad, a menudo no he visto a tu Hijo Jesús obrar poderosamente en mi vida, trabajo, ministerio y liderazgo. No siempre he elegido el camino de la fe, al contrario, he endurecido mi corazón y cerrado mi mente a la verdad de Tu Palabra. Confieso que mi incredulidad es pecado. Confieso las formas específicas en las que la incredulidad se ha manifestado en mi vida: _____ (menciona cada una).
>
> Gracias porque en Jesucristo tengo perdón. Renuncio a todas las formas en las que la incredulidad se ha manifestado en mi vida como pecado. Límpiame de toda incredulidad.
>
> Decido renovar mi mente con la verdad de quién eres y con la verdad de tu palabra.
>
> Por fe creo que has limpiado mi corazón. Recibo mi lugar entre aquellos santificados por la fe. Decido vivir por fe. Gracias que soy justificado por fe y redimido por fe. Elijo caminar por fe y no por vista. Elijo ejercer mi liderazgo, hacer mi trabajo y servir en el ministerio por fe. Por fe, elijo recibir y ejercer la mayordomía que me has otorgado. Por fe elijo obedecerte. Por fe elijo vivir mi vida como tú quieras.
>
> Gracias por la fe que me has dado, sabiendo que incluso si mi fe es tan pequeña como una semilla de mostaza, veré a las montañas moverse y la gloria del Señor revelada en mi vida. Gracias, sobre todo, porque soy salvo por tu gracia mediante la fe, fe que me has dado a través de tu Hijo Jesucristo en el poder de tu Espíritu Santo. Amén.

(Hechos 15: 9; Hechos 26:18; Romanos 1:17; Romanos 3: 23; 2 Corintios 5: 7; Gálatas 2:20; 1 Timoteo 1: 4; Hebreos 11; Efesios 2: 8)

Declaración de fe

Concluye los Pasos con esta declaración de fe:

Aquí y ahora, en el nombre del único Señor Jesucristo, declaro mi fe en el Dios viviente. Declaro que sólo hay un Dios que existe como Padre, Hijo y Espíritu Santo. Él es el creador y sustentador de todas las cosas.

Declaro que Jesucristo es el Mesías, la Palabra hecha carne que habitó entre nosotros. Declaro que Jesús murió en la cruz por el perdón de los pecados y resucitó corporalmente de entre los muertos al tercer día. Declaro que él vino a destruir las obras del diablo, y que desarmó a los poderes y a las potestades, humillándolos públicamente y triunfando sobre ellos en la cruz.

Declaro que el Espíritu Santo, que vive en mí, es completamente Dios; que al habitar en nosotros nos hace nacer de nuevo en el Reino de Dios. El Espíritu Santo sella al pueblo de Dios hasta el día de la redención. Por su presencia poderosa, el Espíritu Santo nos permite vivir para Dios y extender su gobierno de amor al mundo entero.

Declaro que soy salvo por gracia por medio de la fe en Jesucristo, y no como resultado de alguna obra de mi parte. Declaro que Dios me ha liberado del dominio de la oscuridad y me ha transferido a su Reino. Declaro que ahora estoy sentado con Cristo en los lugares celestiales como un hijo adoptado de Dios.

Declaro que, separado de Cristo no puedo hacer nada, pero que puedo hacerlo todo en Cristo que me fortalece. Por tanto declaro mi completa dependencia de Jesucristo. Declaro a los poderes espirituales que Jesús es mi único Señor y Salvador.

Declaro que la Biblia es fiable y verdadera, el único estándar para la fe y la vida. Declaro que las promesas de Dios en la Biblia son fiables y que la revelación de Dios en la Biblia es fiel.

Declaro que pertenezco a Cristo porque me compró con un precio. Declaro que todo mi ser es un sacrificio vivo, santo y agradable para Dios a través de Jesús. Declaro que mi vida y mi liderazgo, mi trabajo y mi ministerio, todo pertenece al Señor Jesucristo y escojo someterlo todo a él.

Declaro que Cristo en mí, es esperanza de gloria.

Declaro por fe que recibo el Espíritu Santo tal como lo prometió el Padre.

Declaro por fe que haré las obras que Jesús hizo para la gloria del Padre. Declaro que viviré por fe y no por vista, buscando agradar y honrar a Dios en todo lo que digo y hago, para la gloria de Jesucristo.

Me comprometo plenamente al liderazgo al que Dios me ha llamado:

_____ (menciona o describe ese liderazgo). Me comprometo de lleno a amar y servir a quienes Dios me ha llamado. Me comprometo de lleno a liderar humildemente dentro de la esfera que Dios me ha dado. Me comprometo de lleno a dar gloria y honor a Jesucristo a través de mi liderazgo.

Declaro que el Señor Jesús tiene toda autoridad en el cielo y en la tierra.

Declaro que Jesucristo vendrá pronto. Jesús es el Alfa y el Omega, el principio y el fin. Declaro que por su sangre Jesús rescató para Dios a gente de toda tribu, lengua, etnia y nación, y los ha hecho real sacerdocio para nuestro Dios, y reinaremos en la tierra.

Declaro que santo, santo, santo es el Señor Dios todopoderoso, quien fue, quien es y quien vendrá. Declaro que digno es el Cordero que fue inmolado para recibir poder y riqueza y sabiduría y fortaleza y honra y gloria y bendición. ¡Amén!

(Éxodo 20: 2, 3; Colosenses 1:16, 17; Juan 1: 1, 14; Colosenses 2:15;
1 Juan 3:8; Juan 3:1; Efesios 1:13; Hechos 1:8; Colosenses 1:13,14;
Gálatas 4: 5–7; Juan 15: 5–8; Filipenses 4:13; 2 Timoteo 3: 15–17;
1 Corintios 6:20; Romanos 12: 1; Lucas 11:13; Juan 14:12;
2 Corintios 5: 7; Mateo 28:18; Apocalipsis 22: 12-13; Apocalipsis 5: 9-12.)

Próximos pasos: cambiar las creencias erróneas

Somos transformados mediante la renovación de nuestra mente. Antes de terminar el proceso, pídele a Dios que te muestre qué necesita cambiar de tu sistema de creencias. ¿Qué creencias erróneas te ha mostrado al hacer *Los Pasos hacia la Libertad para Líderes*? ¿Qué áreas necesitas trabajar para renovar tu mente?

Ora de la siguiente manera:

Padre celestial,

Me comprometo a vivir según la verdad. Gracias por revelarme las formas en las que no lo he hecho. Mediante el Espíritu de Verdad, te pido que me muestres qué fortalezas hay en mi mente —aquellas áreas donde mi

sistema de creencias ha sido defectuoso. Me comprometo a renovar mi mente para ser transformado y convertirme en la persona y el líder que tú quieres que yo sea. En el nombre de Jesús. Amén.

Espera en silencio y apunta las áreas donde te das cuenta de que tu pensar ha sido errado (es decir, no concuerda con lo que Dios dice en su Palabra). Hay espacio para ello en las páginas 163 – 164. Recuerda que seguirás *sintiendo* que ese pensamiento errado es la verdad. Te será de ayuda repasar los Pasos y los apuntes que tomaste durante *Libres para Liderar*.

A continuación, elige un máximo de tres áreas clave en las que enfocarte para renovar tu mente y apúntalas en la página 162. Del lado izquierdo apunta la creencia errónea y del lado derecho apunta lo que Dios dice en su Palabra. Anota los versículos bíblicos que encuentres que afirmen lo que es verdad.

Para el primer área, elabora un Demoledor de Bastiones de esta manera:

Renuncio a la mentira que dice que ...

Declaro la verdad que ... [menciona la verdad a partir de los versículos que encontraste]

Decláralo a diario durante los próximos 40 días o hasta que sepas que tu sistema de creencias ha cambiado. Después regresa y haz lo mismo con el segundo y luego el tercero. Imagina lo eficaz que podrás ser como líder cuando trates con estos problemas. ¡Y podrás!

Pensamiento errado (mentiras)	Lo que Dios dice (verdad)

Notas

Notas

www.ingramcontent.com/pod-product-compliance
Lightning Source LLC
Chambersburg PA
CBHW011309060426
42444CB00040B/3455